ARRÊTÉ MINISTÉRIEL DU 25 FÉVRIER 1889

RELATIF A L'ADMISSION DES

SOUS-OFFICIERS D'INFANTERIE DE MARINE

A L'ÉCOLE MILITAIRE D'INFANTERIE

MINISTÈRE DE LA MARINE

ARRÊTÉ MINISTÉRIEL

DU 25 FÉVRIER 1889.

RELATIF A L'ADMISSION DES SOUS-OFFICIERS

D'INFANTERIE DE MARINE

A L'ÉCOLE MILITAIRE D'INFANTERIE

DE SAINT-MAIXENT

PARIS   LIMOGES
11, Place St-André-des-Arts.   46, Nouvelle route d'Aixe, 46

Henri CHARLES-LAVAUZELLE

Éditeur militaire.

—

1889

MINISTÈRE DE LA MARINE

ARRÊTÉ MINISTÉRIEL

DU 25 FÉVRIER 1889

RELATIF A L'ADMISSION DES SOUS-OFFICIERS

D'INFANTERIE DE MARINE

A L'ÉCOLE MILITAIRE D'INFANTERIE

DE SAINT-MAIXENT

PARIS | LIMOGES
11, Place St-André-des-Arts. | 46, Nouvelle route d'Aixe, 46
Henri CHARLES-LAVAUZELLE
Éditeur militaire.

1889

ARRÊTÉ MINISTÉRIEL DU 25 FÉVRIER 1889

RELATIF A L'ADMISSION DES

SOUS-OFFICIERS D'INFANTERIE DE MARINE

A l'École militaire d'infanterie de Saint-Maixent.

Le Ministre de la Marine et des Colonies,

Vu les décrets des 4 février 1881 et 22 mars 1883, portant règlement sur l'organisation de l'Ecole militaire d'infanterie ;

Vu l'arrêté du 30 octobre 1884, relatif à l'admission des sous-officiers d'infanterie de marine à l'Ecole militaire d'infanterie de Saint-Maixent ;

Vu la circulaire du 5 juin 1885, portant modification du programme d'admission à ladite Ecole ;

Vu la circulaire du 26 juin 1886, portant application à l'infanterie de marine du décret du 19 juin 1886, modifiant les dispositions de l'article 3 du décret du 22 mars 1883, précité ;

Vu la circulaire du 24 décembre 1886 (*B. O.*, p. 950), portant modification aux articles 3 et 24 de l'arrêté du 30 octobre 1884, précité,

Arrête :

CHAPITRE PREMIER

Art. 1er. — Chaque année, des sous-officiers d'infanterie de marine sont envoyés à l'Ecole militaire d'infanterie instituée à Saint-Maixent par le décret du 4 février 1881.

Art. 2. — Les chefs de corps proposent, à l'inspection générale annuelle, pour être autorisés à subir les examens d'admission à l'Ecole militaire d'infanterie, les sous-officiers jugés aptes à devenir officiers.

Pour pouvoir être proposés, les candidats doivent :

1° Avoir au moins deux années de grade au 31 décembre de l'année de la proposition;

2° Avoir fait un séjour de deux ans aux colonies;

3º Produire un certificat d'instruction militaire ;

4º Avoir l'instruction nécessaire pour bien répondre sur les matières professées au cours du 3e degré.

Tous les sous-officiers qui, ayant satisfait une première fois au service colonial, réunissent les autres conditions voulues pour être présentés pour sous-lieutenants, à la plus prochaine inspection générale, sont maintenus en France dans le cas où leur tour de départ les appellerait, de nouveau, à servir aux colonies. Ceux qui ne seraient pas acceptés par l'inspecteur général deviendraient immédiatement disponibles pour le service colonial.

Art. 3. — Il est établi, pour chacun de ces sous-officiers, un mémoire de proposition. Ce mémoire est annoté successivement par le chef de corps, le major général et l'inspecteur général.

Chacun d'eux résume son opinion dans une seule cote numérique représentée par un nombre entier pris dans l'échelle de 12 à 20 et qualifiant, à la fois, la conduite, la capacité et l'aptitude au commandement du candidat. Ces notes correspondent aux valeurs ci-après :

12 *Assez bien.*
15 *Bien.*
18 *Très bien.*
20 *Parfaitement.*

La note définitive du candidat s'obtient en multipliant la moyenne des trois cotes, celle du général inspecteur comptant double, par le coefficient 20 indiqué à l'article 26. Cette note, résumant l'appréciation générale sur chaque candidat, a naturellement un grand poids dans le classement ; il est donc essentiel, au point de vue de la justice, que les candidats soient notés à peu près de la même manière dans les quatre régiments. Dans le cas où il n'en serait pas ainsi, le général inspecteur saurait rétablir l'équilibre, sa note ayant une valeur double de celle du colonel ou du major général.

Le mémoire de proposition est accompagné :

1° De l'état signalétique et des services ;

2° Du relevé *in extenso* des punitions infligées au sous-officier depuis son entrée au service ;

3º Du certificat d'instruction militaire conforme au modèle ci-annexé.

Les dossiers doivent être remis à l'inspecteur général, dès son arrivée, afin qu'il puisse examiner d'une manière spéciale les candidats et les apprécier pendant tout le cours de ses opérations.

Cette appréciation doit être formulée sur chacun des mémoires de proposition, à la clôture de l'inspection générale dans le port.

Les mémoires sont envoyés au Ministre, à l'appui de l'état nº 33 annexé au livret d'inspection gé: érale.

Art. 4. — Afin de tenir compte, autant que possible, des états de service de chacun des sous-officiers, candidats à l'Ecole de Saint-Maixent, une majoration de points est accordée à ceux qui se trouvent dans certaines conditions, savoir :

1º Toute année complète de grade de sous-oﬁcier, à la date du 31 décembre de l'année de la proposition, en excédant des deux années exigées, donne droit à une majoration de 10 points (la majoration n'est plus accordée après sept ans de grade);

2º Toute campagne donne droit à une majoration de 10 points. Celles en Algérie ou en Tunisie ne donnent droit, par exception, qu'à une majoration de 5 points. (Il n'est plus accordé de majoration après six campagnes);

3º Toute blessure reçue à l'ennemi, toute citation à l'ordre de l'armée donne droit à une majoration de 10 points. (Plusieurs blessures reçues dans une même affaire ne sont comptées que pour une seule) ;

4º Tout sous-officier qui, au 31 décembre de l'année, a occupé pendant au moins un an l'emploi de sergent-major, a droit aux majorations suivantes :

Pour une année complète......... 25 points.
Pour chacune des années suivantes,
   complète .... 10 points.

5º Tout sous-officier rengagé pour deux ans ou trois ans et dont le rengagement est devenu effectif au 31 décembre de l'année de la proposition, a droit à une majoration de 25 points. Tout sous-officier rengagé pour cinq ans a droit à une majoration de 50 points, pourvu également que son rengagement soit devenu effectif au 31 décembre de l'année de la proposition ;

6° Tout sous-officier décoré de la médaille militaire a droit à une majoration de 20 points ;

7° Tout sous-officier décoré de la Légion d'honneur a droit à une majoration de 40 points.

Il n'est tenu aucun compte, dans aucun cas, des points de majoration excédant le chiffre de 150.

Art. 5. — Les chefs de corps doivent avoir grand soin de signaler, par la voie hiérarchique, ceux des sous-officiers proposés pour sous-lieutenants qui, dans l'intervalle de temps qui sépare l'inspection générale de la réunion de la commission centrale d'examen, auraient commis des fautes de nature à faire ajourner leur candidature, ou à modifier la cote qui leur a été attribuée pour leur conduite.

Art. 6. — Les sous-officiers régulièrement proposés pour sous-lieutenants par l'inspecteur général doivent satisfaire, ensuite, à des épreuves permettant de constater qu'ils possèdent l'instruction générale nécessaire pour suivre avec fruit les cours de l'Ecole.

Ces épreuves comprennent des compositions écrites et des examens oraux.

CHAPITRE II

Art. 7. — Les compositions écrites servent à établir un premier classement destiné à exclure des examens oraux et de l'examen d'instruction militaire théorique et pratique les candidats insuffisamment instruits, puis, à déterminer, concurremment avec ces examens et le résultat des notes de l'inspection générale, le classement par ordre de mérite des candidats.

Art. 8. — Les épreuves écrites ont lieu au commencement de janvier, le même jour, dans chacun des ports de Cherbourg, Brest, Rochefort et Toulon.

Les compositions sont surveillées par deux capitaines d'infanterie de marine, désignés par le vice-amiral commandant en chef, préfet maritime, sur la présentation du chef de corps.

Un de ces officiers doit toujours être présent pendant la durée des compositions.

Les sujets des compositions et les imprimés nécessaires sont envoyés, sous plis cachetés, par le Ministre au vice-amiral commandant en chef, préfet maritime, qui les fait parvenir au chef de corps chargé de les remettre aux officiers surveillants. Ces sujets sont tirés du programme du cours du 3e degré.

Les compositions écrites comprennent :

1° Une dictée (la ponctuation ne sera pas dictée aux candidats) ;

2° Une narration française (sur un sujet historique) ;

3° Résolution de problèmes d'arithmétique ;

4° Résolution de problèmes de géométrie.

Art. 9. — Chaque sujet de composition est renfermé dans une enveloppe cachetée qui est ouverte par l'un des officiers surveillants, en présence des candidats réunis pour subir l'épreuve à laquelle le sujet se rapporte.

Le procès-verbal de la séance doit constater si le cachet est intact.

Au début de la séance, l'un des officiers

chargés de la surveillance procède à un appel nominal et reconnaît l'identité des candidats à chacun desquels il assigne sa place.

Art. 10. — Toutes les compositions sont faites sur des feuilles à tête imprimée. Ces feuilles sont délivrées aux sous-officiers, au commencement de la séance, et revêtues alors de la signature de l'un des officiers chargés de la surveillance.

Chaque candidat, en la recevant, appose son nom sur la tête imprimée et signe à l'endroit indiqué à cette tête, avant de remettre la composition à l'officier délégué.

Art. 11. — Il est accordé aux candidats :
1° Pour relire la dictée, un quart d'heure ;
2° Pour la composition française, quatre heures ;
3° Pour les problèmes d'arithmétique, trois heures ;
4° Pour les problèmes de géométrie, trois heures.

Les officiers surveillants doivent s'assurer que les candidats n'ont aucun livre, ni dictionnaire.

Art. 12. — A l'expiration du temps accordé pour chaque composition, celles-ci sont remises, séance tenante, à l'un des officiers surveillants.

Tout candidat qui ne remet pas l'une quelconque des compositions, ou qui ne se présente pas à l'une des épreuves, est, par cela seul, exclu du concours. Mais les compositions inachevées n'entraînent pas l'exclusion.

Art. 13. — Les compositions sont renfermées, séance tenante, avec un procès-verbal des opérations, dans une solide enveloppe, portant en suscription l'indication de son contenu. Cette enveloppe, scellée et contresignée par les officiers surveillants, est adressée, le jour même, au Ministre de la Marine, par l'intermédiaire du vice-amiral commandant en chef, préfet maritime.

Art. 14. — A la suite des épreuves écrites, une commission centrale d'examen réunie à Paris et composée de :

Un officier supérieur, *président;*
Un chef de bataillon, \
Un capitaine, / *membres,*

est chargée de noter les épreuves écrites.

Le président et les membres de cette commission sont nommés par le Ministre.

Art. 15. — Avant que les compositions des candidats soient adressées à la commission centrale, la partie de chacune des feuilles sur laquelle se trouve le nom et la signature du candidat, est détachée. Les noms sont remplacés par des numéros d'ordre. Les parties enlevées restent sous scellés.

Art. 16. — Les compositions sont cotées, par les correcteurs, d'un numéro de mérite compris de l'échelle de 0 à 20.

Toute note inférieure à 10 en orthographe entraîne l'exclusion du candidat.

Est frappé également d'exclusion tout candidat convaincu de fraude. La cote donnée à une composition est portée sur la composition même, puis multipliée par le coefficient correspondant à la nature de la composition (art. 26), ce qui détermine le nombre de points attribué au candidat pour cette composition.

Art. 17. — Les corrections terminées, la commission d'examen dresse un état général

portant les numéros d'ordre des compositions, avec l'indication des cotes données à chacune d'elles, de leurs produits par les coefficients et de la somme de ces produits.

Toutes les compositions d'un même candidat ont le même numéro d'ordre qui correspond au nom de ce sous-officier.

On dresse une liste de tous ces numéros, par ordre de mérite, d'après la somme totale des points obtenus.

Cette liste, sur laquelle les candidats ne sont représentés que par des numéros, est soumise au Ministre qui détermine, pour l'année, le nombre des admissibles aux épreuves orales.

Art. 18. — Immédiatement après la décision du Ministre, les noms des candidats sont portés sur la liste de classement, à l'aide des numéros d'ordre inscrits sur les en-tête imprimés.

La liste des candidats admis aux épreuves orales est adressée à MM. les vice-amiraux commandant en chef, préfets maritimes. Cette liste est établie dans l'ordre numérique des régiments et par ordre alphabétique.

CHAPITRE III

EXAMENS ORAUX ET EXAMENS D'INSTRUCTION MILITAIRE THÉORIQUE ET PRATIQUE

Art. 19. — Les examens oraux ont lieu au chef-lieu de l'un des arrondissements maritimes, au choix du Ministre. Les sous-officiers candidats sont dirigés, d'avance, sur ce port et sont mis en subsistance dans la portion centrale du régiment qui y est stationné.

Art. 20. — La commission chargée de faire passer les examens oraux et les examens d'instruction militaire théorique et pratique aux candidats admissibles à ces épreuves, est composée de cinq membres désignés par le Ministre :

1º Un officier général d'infanterie de marine, *président ;*

2° Deux officiers supérieurs d'infanterie de marine ;

3° Deux capitaines d'infanterie de marine.

Les examens portent sur les matières ci-après :

<table>
<tr><td>1° Arithmétique.—Géométrie ....
2° Fortification. — Topographie................
3° Histoire de France..
4° Géographie........</td><td>Programmes annexés au règlement du 25 février 1889 sur la réorganisation des Écoles régimentaires.</td></tr>
</table>

5° Instruction militaire pratique (1re partie de l'Ecole de compagnie et mouvements de la section en ordre dispersé.)

6° Service intérieur, service en campagne, service des places. — Comptabilité de la compagnie.

7° Gymnastique. — Escrime.

Les candidats sont, en outre, admis, s'ils le demandent, à être examinés sur les langues suivantes : allemand, anglais, italien, espagnol, annamite.

Art. 21. — Le tour d'examen des sous-officiers admis aux épreuves orales est déterminé par voie de tirage au sort.

La veille de chaque séance, le président de la commission d'examen fait afficher la liste des candidats qui peuvent être interrogés dans la séance suivante; ceux d'entre eux qui; sans motifs valables, dont la commission est juge, ne se présentent pas lorsqu'ils sont appelés, sont exclus du concours, sans préjudice des peines disciplinaires qu'ils auraient encourues.

Art. 22. — L'entrée des salles d'examen est interdite au public; elle est facultative pour les candidats et pour les officiers en uniforme.

Art. 23. — Chaque année, le président de la commission d'examen rédige un questionnaire, en suivant les programmes annexés au règlement des écoles. Les questions doivent être assez larges pour permettre aux examinateurs d'interroger les candidats sur des points faciles et d'autres difficiles, de manière à bien apprécier la valeur de chacun. Ces questions sont numérotées suivant le nombre fixé par le Ministre pour chaque partie.

Chaque candidat tire au sort le numéro de la question sur laquelle il doit être interrogé.

Les examinateurs peuvent poser toutes les

questions qu'ils jugent nécessaires pour s'éclairer sur le degré d'instruction des candidats, mais dans les limites de la question désignée par le sort, sans pouvoir sortir de ces limites pour chaque partie du programme.

Pour l'examen d'instruction militaire pratique, il est constitué une compagnie de manœuvre de 64 files (16 files par section), fournie par le régiment d'infanterie de marine stationné dans le port. Les candidats expliquent et font exécuter, comme instructeurs, un ou plusieurs mouvements de la première partie de l'Ecole de compagnie et un ou plusieurs mouvements de la section en ordre dispersé. Ils remplissent, en outre, successivement, les fonctions de guides et de chefs de section.

Toute note inférieure à 9 sur les matières militaires (pratique ou théorie) entraîne l'exclusion.

Art. 24. — Chacun des membres de la commission attribue, après chaque examen, aux réponses des candidats dans les diverses parties sur lesquelles ils ont été interrogés, une cote numérique entière, comprise dans l'échelle de

0 à 20. La moyenne de ces cotes est multipliée ensuite par le coefficient correspondant.

Art. 25.—Immédiatement après la clôture des opérations, le président de la commission en fait connaître le résultat au Ministre, par l'intermédiaire du vice-amiral commandant en chef, préfet maritime, et lui transmet la liste de classement dont il est question à l'article 27 du présent arrêté.

Art. 26. — Les coefficients sont fixés ainsi qu'il suit :

1° *Cote résumant les notes données à l'inspection générale :*

Conduite. — Capacité. — Aptitude au commandement.
(S'il n'y a pas de note du major-général, celle du chef de corps a pour coefficient 8, et celle de l'inspecteur général, 12.)

Note du chef de corps..... 5
Note du major - général........ 5 } 20
Note de l'inspecteur général..... 10

2° *Compositions écrites :*

Dictée.......................... 5
Narration française sur un sujet historique........................ 9 } 20
Arithmétique..................... 3
Géométrie...................... 3

} 100

3° *Examens oraux :*

Arithmétique..................... 4
Géométrie....................... 4 } 20
Histoire......................... 6
Géographie...................... 6

4° *Examens d'instruction militaire :*

Pratique......................... 14
Règlements (Service intérieur, — des places, — en campagne. — Tir.).. 10 } 40
Comptabilité de la compagnie....... 5
Fortification et topographie......... 6
Gymnastique et escrime............. 5

Le coefficient de chaque langue vivante présentée (allemand, anglais, italien, espagnol ou annamite), est 3.

Les candidats qui présenteront une ou plusieurs langues devront faire une composition écrite et subir un examen oral au port désigné pour l'examen.

Lorsque la moyenne des notes obtenues pour la composition et l'examen sera inférieure à 10, le candidat sera considéré comme ne sachant pas la langue présentée, pour laquelle il ne recevra, par suite, aucune note.

Les candidats qui parlent réellement bien une ou plusieurs langues pourront donc seuls bénéficier de la majoration de points attribuée à cette connaissance.

Art. 27. — Le classement des candidats est déterminé par le nombre total des points obtenus :

1º Pour la cote de l'inspection générale ;

2º Pour les compositions écrites ;

3º Pour les examens oraux ;

4º Pour les examens d'instruction militaire théorique et pratique ;

5° Pour les examens d'aptitude physique ;

6° Pour les langues vivantes présentées ;

7° Comme majoration par suite de rengagement, campagnes, blessures, décorations, etc. (article 4).

Tous les éléments d'appréciation nécessaires sont adressés, en temps utile, par M. le Ministre, à la commission d'examen, instituée par l'article 20, laquelle dresse la liste de classement.

Art. 28. — Le Ministre fixe, chaque année, le nombre des sous-officiers à admettre à l'Ecole militaire d'infanterie, d'après l'ordre de classement.

La liste d'admission est publiée dans le *Journal officiel* et adressée à MM. les vice-amiraux commandant en chef, préfets maritimes. Dans cette liste, les candidats sont placés par ordre de mérite.

Fait à Paris, le 25 février 1889.

Signé : Jaurès.

Paris et Limoges. — Imp. militaire H. Charles-Lavauzelle.

CATALOGUE
DE LA LIBRAIRIE MILITAIRE
Henri CHARLES-LAVAUZELLE

ÉDITEUR DU BULLETIN OFFICIEL DU MINISTÈRE DE LA GUERRE

CHARGÉ DE LA VENTE DES PRODUITS DU DÉPÔT DE LA GUERRE

La Librairie Militaire Henri Charles-Lavauzelle, à Paris et Limoges, se charge de publier, soit à son compte, soit à celui des Auteurs, tous les Ouvrages militaires se rattachant à sa spécialité ; une puissante organisation lui permet d'offrir les meilleurs avantages.

Les Commandes accompagnées d'un Mandat postal ou de Timbres-Poste sont expédiées *franco*.

TABLE DES MATIÈRES

PARIS
LIMOGES

11, Place St-André-des-Arts | *46, Nouvelle route d'Aixe*

Henri CHARLES-LAVAUZELLE
Éditeur militaire

PETITE BIBLIOTHÈQUE

DE

L'ARMÉE FRANÇAISE

Honorée d'une souscription de 22,000 exemplaires du ministère de la Guerre, et d'une médaille d'or en 1885 de la Société d'instruction et d'éducation de Paris.

SÉRIE DE VOLUMES IN-32, D'ENVIRON 128 PAGES

Broché... » 30

franco. » 35

Relié toile anglaise gaufrée et dorée........................ » 60

LE GÉNÉRAL BOULANGER, actes et paroles, par H. C. P. B.

HISTOIRE MILITAIRE DE LA FRANCE, de 1643 à 1871, par Emile Simond, lieutenant au 28e de ligne. — 2 vol.

ARMÉES ÉTRANGÈRES CONTEMPORAINES : Europe, Asie, Afrique, Amérique, Océanie, par A. Garçon, 2 volumes.

L'ARMÉE ALLEMANDE, son histoire, son organisation actuelle. — Vol. de 128 pages (4e édition).

L'ARMÉE SUISSE, son histoire, son organisation actuelle, par le commandant Heumann, O ☿. — Vol. de 136 pages.

L'ARMÉE RUSSE. — Tome Ier : Organisation générale ; — Le règlement d'infanterie ; — Le service en campagne ; — Instruction sur les travaux de campagne. — Vol. de 96 pages, orné de figures (2e édition).

L'ARMÉE BELGE, composition, recrutement, mobilisation, écoles militaires, institut cartographique, armement, manufacture d'armes de Liège, régime intérieur, alimentation, uniformes, système défensif (2e édition). — Vol. de 96 pages.

L'ARMÉE ANGLAISE, son histoire, son organisation actuelle, par A. Garçon (2e édition). — Vol. de 144 pages.

LA MARINE ANGLAISE, histoire, composition, organisation actuelle, par A. Garçon. — Vol. de 96 pages.

L'ARMÉE ITALIENNE, son organisation actuelle, sa mobilisation. — Vol. de 128 pages.

L'ARMÉE OTTOMANE CONTEMPORAINE, par Ch. Lebrun-Renaud. — Vol. de 96 pages.

L'ARMÉE DES PAYS-BAS, notices militaires et géographiques (publication de la Réunion des officiers). — 2 vol.

L'Armée suédoise, par le capitaine R. R***. — Vol. de 62 pages.

L'Armée portugaise, par A. Garçon. — Vol de 108 pages.

Journal du siège de Tuyen-Quan (23 novembre 1884-3 mars 1885), avec un plan de la forteresse, d'après un croquis du lieutenant-colonel Dominé. — Vol. de 102 pages.

Historique succinct de l'artillerie au Tonkin, pendant les années 1883 et 1884, par C. Humbert, chef d'escadron d'artillerie de la marine, breveté d'état-major. — 2 vol.

Étude militaire sur l'Égypte, campagne des Anglais en 1882 (2e édition). — Vol. de 32 pages sur fort papier velin.

Le Soudan, Gordon et le Mahdi, par le commandant Heumann, O ✠. — Vol. de 96 p., avec 2 cartes et 4 plans.

Précis de la guerre du Pacifique (entre le Chili d'une part, le Pérou et la Bolivie de l'autre). — Vol. de 72 pages, suivi d'une carte planimétrique de la côte du Pacifique et d'un plan des principales batailles (2e édition).

L'Éducation et la discipline militaires chez les anciens, par Marcel Poullin. — Vol. de 144 page

Etude sur le tir des armes portatives en France et a l'étranger. — Méthode d'instruction. — Pratique du tir. — Tir de guerre. — Vol. de 88 pages, orné de 43 gravures (3e édition).

L'Alimentation du soldat en campagne. La ration de guerre et la préparation rapide des repas en campagne, par Charles Schindler, médecin-major de 1re classe. — Vol. de 80 pages.

Rôle, organisation, attaque et défense des places fortes. — Vol. de 112 pages, avec figures dans les texte.

Guide du sous-officier et du caporal d'infanterie sur la place d'exercice, en terrain varié et sur le champ de bataille. Manuel rédigé en vue de répondre aux questions ci-après des programmes annexés à la circulaire du 3 septembre 1883, savoir : 1o Principes de discipline et d'éducation morale ; — 2o Ecole des guides à l'école de compagnie et à l'école de bataillon ; — 3o Fonctions des caporaux dans la colonne de route ; — 4o Place et fonctions des caporaux et sous-officiers dans les revues et défilés ; — 5o Rôle et devoirs des caporaux et des sous-officiers dans le combat en ordre dispersé (2e partie de l'école de compagnie). — Vol. de 128 pages (2e édition).

VOIES ET MOYENS DE COMMUNICATION EN FRANCE, EN ALGÉRIE ET EN TUNISIE: routes ; voies navigables ; paquebots ; chemins de fer ; bureaux ambulants ; lignes télégraphiques, par Roger Barbaud, inspecteur des postes et des télégraphes, payeur de la 23e division d'infanterie. — 2 vol. de 128 pages.

COURS DE TOPOGRAPHIE, à l'usage des officiers et sous-officiers ; ouvrage rédigé conformément aux programmes officiels du 30 septembre 1874, par A. Laplaiche, ancien professeur de l'Université. — 2 vol. (5e édition).
Le 1er de 120 pages, orné de 140 figures ;
Le 2e de 128 pages, orné de 66 figures.

MÉTHODE D'ENSEIGNEMENT POUR L'INSTRUCTION DU SOLDAT ET DE LA COMPAGNIE, conforme aux prescriptions des règlements des 23, 26 octobre, 28 décembre 1883 et 29 juillet 1884. — Vol. de 128 pages avec plans et croquis, par J. Bailly, capitaine au 90e de ligne.

LES OUTILS DU PIONNIER D'INFANTERIE, d'après l'instruction ministérielle du 8 août 1880, complétée et rectifiée à l'aide des documents officiels les plus récents sur le port, le chargement, l'entretien et l'emploi des outils. — 25 figures intercalées dans le texte. — Vol. de 84 pages.

LES CARTOUCHES ET LE CAISSON D'INFANTERIE, suivi d'une instruction pour le ravitaillement des munitions sur le champ de bataille, avec figures dans le texte. — Vol. de 100 pages.

LES TRAVAUX DE CAMPAGNE, guide théorique et pratique du pionnier d'infanterie, d'après les cours professés à l'Ecole des travaux de campagne et les ouvrages les plus autorisés publiés à l'étranger. — Vol. de 140 pages, orné de 63 gravures (2e édition).

NOTIONS SUR LA VIANDE FRAICHE DESTINÉE A LA TROUPE :
Tome I. — *Généralités sur l'alimentation ; achat de la viande sur pied ; connaissances professionnelles.* — Vol. de 92 pages, orné de nombreuses gravures.
Tome II. — *Marchés ; abattoirs ; boucheries ; distributions, espèces de viande ; transport et entretien du bétail.* — Vol. de 96 pages, orné de nombreuses grav.

Tome III. — *Ordinaire ; réglementation ; achat de la viande fraîche ; cahier des charges.*

CODE-MANUEL DES RÉQUISITIONS MILITAIRES, textes officiels annotés et mis à jour par de L..., licencié en droit, et l'intendant militaire A. T... — 3 vol. :

Tome Ier. — *Exposé des principes. — Textes de la loi du 3 juillet 1877 et du règlement du 2 août 1877,* avec notes et commentaires. — Vol. de 112 pages.

Tome II. — *Recensement et réquisition des chevaux et voitures.* — Vol. de 96 pages.

Tome III. — *Guide pratique des diverses autorités et commissions pour l'application de la loi du 3 juillet 1877.* — Formules et modèles. — Vol. de 96 pages.

CONDITIONS CIVILE ET POLITIQUE DES MILITAIRES (Recueil complet des lois, décrets, ordonnances, instructions, décisions et dispositions diverses actuellement en vigueur et relatives aux). — 2 vol. de 128 pages.

RECUEIL COMPLEL avec notes et commentaires des LOIS, DÉCRETS, CIRCULAIRES, DÉCISIONS ET INSTRUCTIONS MINISTÉRIELLES EN VIGUEUR, établissant les droits des SOUS-OFFICIERS en matière de rengagement et mariage, retraite et admission aux emplois civils (4e édition). — 2 vol. : le 1er de 112 pages ; le 2e de 144 pages.

CONSEILS AUX JEUNES SOUS-LIEUTENANTS A LEUR SORTIE DE L'ECOLE. — Vol. de 64 pages.

DROITS ET DEVOIRS DU SOLDAT, d'après les lois, décrets et règlements les plus récents, par A. de la Villatte, lieutenant-colonel du 5e régiment d'infanterie, O ✪. Ouvrage adopté par le ministère de l'instruction publique pour les bibliothèques scolaires et populaires. — Vol. de 96 pages.

DÉCRET DU 24 AVRIL 1884 SUR LA COMPTABILITÉ DES CORPS DE TROUPE EN CAMPAGNE. — Vol. de 88 p., avec modèles.

MANUEL PRATIQUE DE COMPTABILITÉ, à l'usage des sous-officiers comptables de compagnie. — Vol. in-32 de 80 pages.

CHANTS MILITAIRES, CHANSONS DE ROUTE ET REFRAINS DU BIVOUAC, par le capitaine du Fresnel, du 62e de ligne. — Vol. de 56 pages.

SONNERIES ET MARCHES du règlement du 29 juillet 1884 sur

l'exercice et les manœuvres de l'infanterie, avec paroles du capitaine du Fresnel. — Vol. de 96 pages.

LA CAVALERIE DE SECONDE LIGNE EN FRANCE ET A L'ÉTRANGER, par Romuald Brunet. — Vol. de 96 pages.

PASSAGE DES COURS D'EAU A LA NAGE PAR LA CAVALERIE. — Vol. de 64 pages, avec carte et figures.

HISTORIQUE DU 2e RÉGIMENT D'INFANTERIE. — Amérique, 1779-1783. — Fleurus, 1794. — Neuvied, 1797. — Zurich, 1799. — Gênes, 1800. — Friedland, 1807. — Essling, Wagram, 1809. — Polotsk, 1812. — Fleurus, 1815. — Espagne, 1829. — Algérie, 1842, 1848. — Italie, 1859. — V. de 128 p.

HISTORIQUE DU 25e DE LIGNE. — Vol. de 128 pages.

HISTORIQUE DU 30e DE LIGNE. — Vol. de 128 pages.

HISTORIQUE DU 31e DE LIGNE. — Vol. de 64 pages.

HISTORIQUE DU 35e DE LIGNE. — Vol. de 112 pages.

HISTORIQUE DU 56e DE LIGNE, rédigé par le capitaine adjudant-major Telmat (2e édition). — Vol. de 120 pages.

HISTORIQUE DU 62e DE LIGNE. — Vol. de 96 pages.

HISTORIQUE DU 64e DE LIGNE. — Vol. de 64 pages.

HISTORIQUE DU 65e DE LIGNE. — Vol. de 128 pages.

HISTORIQUE DU 67e DE LIGNE. — Vol. de 40 pages.

HISTORIQUE DU 69e DE LIGNE. — Vol. de 128 pages.

HISTORIQUE DU 71e DE LIGNE. — Vol. de 72 pages.

HISTORIQUE DU 72e DE LIGNE. — Vol. de 128 pages.

HISTORIQUE DU 85e DE LIGNE. — Volume de 64 pages.

HISTORIQUE DU 86e DE LIGNE. — Vol. de 96 pages.

HISTORIQUE DU 92e DE LIGNE. — Vol. de 96 pages.

HISTORIQUE DU 94e DE LIGNE. — Vol. de 128 pages.

HISTORIQUE DU 138e DE LIGNE. — Vol. de 64 pages.

HISTORIQUE DU 3e ZOUAVES (2e édition). — Vol. de 120 pages.

HISTORIQUE DU 1er BATAILLON DE CHASSEURS A PIED. — Vol. de 56 pages.

HISTORIQUE DU 7e BATAILLON DE CHASSEURS A PIED. — 2 vol.

HISTORIQUE DU 10e BATAILLON DE CHASSEURS A PIED. — Vol. de 80 pages.

HISTORIQUE DU 3e RÉGIMENT DU GÉNIE, publié avec l'autorisation du Ministre de la guerre (2e édition). — 3 volumes.

HISTORIQUE DU 1er RÉGIMENT DE SPAHIS. — Vol. de 96 pages.

M. Henri Charles-Lavauzelle se met à la disposition de tous les chefs de corps pour publier l'historique de leur régiment dans la série de la *Petite Bibliothèque de l'Armée française.*

LA COLLECTION COMPRENDRA 300 VOLUMES

MODE DE SOUSCRIPTION. — Chaque volume de la *Petite Bibliothèque de l'Armée française* ne coûtant, *broché*, que 0 fr. 30 (0,35 *franco* par la poste), ou 0 fr. 60 *relié* toile, il importe au plus haut point d'éviter des frais supplémentaires de correspondance. On peut y souscrire en adressant à l'Editeur une demande d'un certain nombre de volumes à expédier au fur et à mesure qu'ils paraîtront, accompagnée d'un mandat postal représentant leur prix à raison de 0,35 centimes l'un, si on les désire *brochés*, de 0 fr. 60 pour les avoir richement reliés en toile.

MM. les Officiers désireux de venir en aide à notre Comité d'études et de rédaction sont priés de nous faire connaître le sujet qu'ils sont décidés à traiter, aussitôt que leur choix sera définitivement arrêté.

Les manuscrits, écrits lisiblement et au RECTO SEULEMENT, *devront être adressés à l'Editeur comme papiers d'affaires recommandés.*

Administration, Recrutement, Comptabilité.

MANUEL DU SERVICE DES HÔPITAUX, à l'usage des officiers d'administration et des candidats à ce grade, par S. Poulard, professeur à l'Ecole d'administration de Vincennes, licencié en droit. — Vol. in-8° de 306 pages. 6 »

BARÊME POUR L'APPLICATION DU DÉCRET DU 19 JUIN 1888 SUR LE SERVICE DES FRAIS DE ROUTE. — Volume in-4° de 134 pages... 5 »

TABLEAU SYNOPTIQUE, imprimé en trois couleurs, portant décompte de l'indemnité kilométrique de 1 à 1,200 kilomètres, pour MM. les officiers, les adjudants et les hommes de troupe................................. 1 »

DÉCRET DU 12 JUIN 1867 portant règlement sur le service des frais de route des militaires isolés mis à jour jusqu'au 1er juillet 1888. — Vol. in-8° de 188 pages.......... » 90

LIVRET DES GITES D'ÉTAPE, publié par ordre du Ministre de la Guerre et arrêté à la date du 17 novembre 1888. — Volume in-8° de 604 pages, *franco*................ 4 50

MODIFICATION AU LIVRET DES GITES D'ÉTAPE (17 novembre 1888). — Vol. in-8° de 360 pages, *franco*.......... 2 65

DÉCRET DU 10 NOVEMBRE 1887 modifiant les règlements en vigueur sur l'ADMINISTRATION et la COMPTABILITÉ des corps de troupe. — Vol. in-8° de 154 pages, *franco*. » 90

VADE-MECUM ADMINISTRATIF de MM. les capitaines commandants et des sous-officiers comptables, par un officier d'administration. — Vol. in-8º de 244 pages...... 2 »

VADE-MECUM ADMINISTRATIF DES SOUS-OFFICIERS COMPTABLES (Extrait du Vade-mecum de MM. les capitaines commandants). — Vol. in-8º de 132 pages........ 1 »

NOTIONS DE DROIT INTERNATIONAL destinées à MM. les officiers de l'armée active, de la réserve et de l'armée territoriale, et suivies d'un memento à l'usage des sous-officiers, caporaux et soldats. — Br. in-32 de 128 p. =.. 1 25

LA MOBILISATION, mesures préparatoires en temps de paix, recrutement et réquisitions militaires. Devoirs des municipalités en temps de guerre d'après les lois et règlements en vigueur, par Edm. Pascal. — Vol. grand in-8º de 400 pages, avec formules et tableaux.......... 10 »

AIDE-MÉMOIRE DES FONCTIONNAIRES DE L'INTENDANCE EN CAMPAGNE. —Vol. in-8º de 396 p., relié toile anglaise = 6 »

INSTRUCTION DU 31 MARS 1887, pour l'exécution du service des LITS MILITAIRES, à partir du 1er avril 1887. — Br. in-8º de 20 pages, *franco*................................ » 20

RÈGLEMENT DU 9 SEPTEMBRE 1888 sur la comptabilité des matières appartenant au département de la Guerre et Instructions du 23 décembre 1888 pour l'application de ce règlement (complet)........................ 3 85

Le même sur format tellière avec grandes marges.. 6 »

RÈGLEMENT SPÉCIAL au serv. des poudres et salpêtres. 2 25

— — au service du Génie............ 2 65

RÈGLEMENT DU 14 JANVIER 1889. sur l'administration et la comptabilité des corps de troupe. — Volume in-8º de 432 pages................................... 1 65

Le même rélié toile anglaise........................ 2 65

RÈGLEMENT DU 8 JUIN 1883, sur le service de la SOLDE et sur les REVUES; édition de 1888 mise à jour jusqu'au nº 46 du *Bulletin officiel du Ministère de la guerre.* — Volume in-8º de 216 pages.................... 1 » *franco* 1 30

REVISION DES TARIFS DE SOLDE POUR TOUTES LES ARMES (Guerre), officiers et troupe. — Br. in-8º de 48 p. » 50

UNIFICATION DES SOLDES DE LA MARINE, tarifs définitifs, tarifs transitoires. — Br. in-8º de 16 pages. *franco* » 50

DÉCRET DU 1er DÉCEMBRE 1888, portant règl. sur la concession des congés et permissions. — Br. in-8º..... » 20

RÈGLEMENT SUR LE SERVICE DE L'ARMEMENT, approuvé le 30 août 1884. — Br. de 204 pages =............ 2 50

TARIF PROVISOIRE DES PRIX DES RÉPARATIONS, approuvé le 6 septembre 1887 (armes modèle 1874 et modèle 1866-74, fusil modèle 1884, fusil modèle 1885 et modèle 1874-1885, fusil modèle 1886, revolver modèle 1873, armes blanches. — Br. de 112 pages, *franco*..................... » 70

RÈGLEMENT SUR LE SERVICE ET L'ENTRETIEN DU HARNACHEMENT DE L'ARTILLERIE ET DES ÉQUIPAGES MILITAIRES, dans les corps de troupe et dans les établissements (11 juin 1883) .... » 40

INSTRUCTION DU 27 NOVEMBRE 1887 sur la création, le but et le fonctionnement de la masse des écoles. — Br. in-8º de 24 pages, net et *franco*..................... » 30

INSTRUCTION MINISTÉRIELLE DU 2 DÉCEMBRE 1886, réglant le fonctionnement de la MASSE DE PETIT ÉQUIPEMENT. — Br. in-8º de 16 pages, *franco*..................... » 25

RECUEIL DES DOCUMENTS OFFICIELS visés par l'instruction du 2 décembre 1886, réglant le fonctionnement de la MASSE DE PETIT EQUIPEMENT. — Br. in-8º........ » 25

ORDONNANCE DU 10 MAI 1844, portant règlement sur l'ADMINISTRATION ET LA COMPTABILITÉ des corps de troupe, modifiée par les décrets des 7 août 1875 et 1er mars 1880, extrait établi suivant décision du 29 juin 1883 du Ministre de la guerre. — Vol. in-32, cart., de 198 pag. ✕ » 80

EXTRAITS DES RÈGLEMENTS ET INSTRUCTIONS SUR L'ADMINISTRATION, LES APPELS ET LA MOBILISATION DES RÉSERVISTES ET DISPONIBLES, à l'usage des troupes d'infanterie. — Vol. in-8º de 240 pages.................. 2 50

DÉCISION MINISTÉRIELLE DU 24 OCTOBRE 1887, portant adoption et description de la TENUE DE VILLE DES SOUS-OFFICIERS RENGAGÉS ET COMMISSIONNÉS. — Br. in-8º de 64 pages............................... *franco* » 60

RÈGLEMENT ET INSTRUCTION DU 16 NOVEMBRE 1887 SUR LE SERVICE DE L'HABILLEMENT DANS LES CORPS DE TROUPE, modifié par décret du 18 mars 1889; modèles, tableaux et tarifs. — Br. in-8º de 184 pages..... *franco* 1 »
Le même relié toile............................... 1 75

NOMENCLATURE DU MATÉRIEL DE L'HABILLEMENT ET DU CAMPE-

MENT, DU 27 AVRIL 1888. — Vol. in-8° de 284 pag.　1　»
　　　　　　　　　　　　　　　　　　　　franco　1 30
TARIFS DU 7 JUILLET 1881 indiquant les prix à allouer en
　temps de paix et en temps de guerre pour les réparations
　à effectuer aux effets d'habillement, de coiffure et de
　petit équipement. — Brochure in-8° de 52 pages = 1　»
INSTRUCTION MINISTÉRIELLE DU 22 NOVEMBRE 1887, relative à
　la formation et au renouvellement dans les magasins ad-
　ministratifs des approvisionnements de toute nature du
　service de l'HABILLEMENT et du CAMPEMENT. — Br. in-8°
　de 76 pages...................................... *franco* » 40
INSTRUCTION DU 15 JANVIER 1888 sur la manière de manu-
　tentionner et d'entretenir LES EFFETS dans les magasins
　administratifs. — Br. in-8°................. *franco* » 15
INSTRUCTION DU 16 MARS 1887 SUR L'HABILLEMENT DES ÉCOLES
　DES SOUS-OFFICIERS ET ÉLÈVES OFFICIERS (note relative
　à l'habillement des élèves stagiaires de l'Ecole d'admi-
　nistration). — Br. in-8° de 16 pages....... *franco*　» 25
DÉCRET DU 18 FÉVRIER 1889 portant règlement sur le service
　des fourrages dans les corps de troupe. — Brochure in-
　8° de 104 pages...................................... » 95
CAHIER DES CHARGES DU 7 SEPTEMBRE 1888 pour la fourniture
　des fourrag. à la rat. — Br. in-8° de 64 p.. *franco*.　» 60
CAHIER DES CHARGES pour la fourniture et la fabrication du
　pain de troupe à la ration à l'intérieur.............　» 50
INSTRUCTION MINISTÉRIELLE DU 12 AVRIL 1889, relative à la
　désignation, aux attributions et au fonctionnement des
　officiers d'approvisionnement. — Br. in-8° de 96
　pages .... » 80 *franco*　» 95
VADE-MECUM DE L'OFFICIER D'APPROVISIONNEMENT. — Nou-
　velle édit., revue, corrigée et augm.

Contenant, avec l'instruction du 17 mars 1882, les modèles et les notices qui
　y font suite : 1° La circulaire du 14 mars 1883 sur le groupement et
　l'administration des isolés ; — 2° La circulaire du 13 août 1879 portant
　création d'un nouveau tarif d'indemnité journalière ; — 3° Des rensei-
　gnements utiles sur les premiers soins à donner aux chevaux, en l'ab-
　sence du vétérinaire ; — 4° Plusieurs tarifs suivis d'instructions prati-
　ques sur leur application ; — 5° Une notice spéciale sur l'organisation et
　le fonctionnement des services administratifs pendant les grandes ma-
　nœuvres ; — 6° Une notice sur le service d'alimentation en campagne ;

— 7° Des renseignements sur la qualité des denrées alimentaires et les moyens de reconnaître si elles sont de bonne qualité ; — 8° Un résumé, aussi complet que possible, des principes mathématiques pour le mesurage, le pesage et le jaugeage des denrées de toute nature.

Vol. de 340 p., rich. relié en toile angl. gaufrée = 5 »

INSTRUCTION DU 30 AOUT 1885, sur le fonctionnement du service de l'ALIMENTATION EN TEMPS DE GUERRE. — Br. in-32 de 78 pages =.................................... » 50

CODE-MANUEL DES RÉQUISITIONS MILITAIRES. Textes officiels annotés et mis à jour par de L..., licencié en droit, et l'intendant militaire A. T... — 3 vol.:

Tome 1er. — *Exposé des principes; texte de la loi du 3 juillet 1877 et du règlement du 2 août 1877, avec notes et commentaires.* — Br. in-32 de 112 pages............ » 35
Richement relié toile.................................... » 60
Tome II. — *Recensement et réquisition des chevaux et voitures.* — Br. in-32 de 96 pages................ » 35
Richement relié toile.................................... » 60
Tome III. — *Guide pratique des diverses autorités et commissions pour l'application de la loi du 3 juillet 1877. Formules et modèles.* — Br. in-32 de 96 pages... » 35
Richement relié toile.................................... » 60

INSTRUCTION DU 21 JUILLET 1886 pour le règlement des dommages causés aux propriétés privées par les manœuvres ou exercices exécutés par les corps de troupe. — Vol. in-32.................................... » 35

DÉCRET DU 24 AVRIL 1884 SUR LA COMPTABILITÉ DES CORPS DE TROUPE EN CAMPAGNE, avec rapport au Ministre, instruction et modèles. — Broché.................... » 35
Relié toile gaufrée.................................... » 60

MANUEL PRATIQUE DE COMPTABILITÉ, à l'usage des sous-officiers comptables de compagnie. — Vol. in-32 de 80 p » 35
Richement relié toile.................................... » 60

RÈGLEMENT DU 23 OCTOBRE 1887 SUR LA GESTION DES ORDINAIRES. — Br. in-8o.................................... » 50

CAHIER DES CHARGES pour la fourniture de la viande fraîche et marché.................................... » 10

RÈGLEMENT PROVISOIRE DU 20 JUIN 1888 SUR L'ENTRETIEN DU CASERNEMENT PAR LES CORPS OCCUPANTS. — Br. in-8o,

franco (nᵒ 33 *B. O.*).. » 15
RÈGLEMENT DU 27 NOVEMBRE 1887 ET INSTRUCTION DU 27 MAI 1888 SUR LE SERVICE DU CHAUFFAGE DANS LES CORPS DE TROUPE. — Br. in-8ᵒ de 96 pages.......*franco* » 50
DÉCRET DU 27 NOVEMBRE 1887, portant règlement sur le service du CHAUFFAGE dans les corps de troupe.... » 20
MANUEL SUR LES PENSIONS DE RETRAITE des officiers, sous-officiers, brigadiers, caporaux, soldats ou gendarmes, et sur les pensions des veuves et secours aux orphelins, avec tarifs. — Br. in-8ᵒ de 58 pages, avec nombreux tableaux (4ᵉ édition) =......................... 1 »
INSTRUCTION DU 27 AOUT 1886 sur les dem. de secours. » 50
CLASSIFICATION DES BLESSURES ET INFIRMITÉS OUVRANT DES DROITS A LA PENSION DE RETRAITE (23 juillet 1887). — Br. in-8ᵒ de 20 pages, *franco*..................... » 35
INSTRUCTION DU 9 JUIN, POUR L'EXÉCUTION DE LA LOI DU 22 JANVIER 1851, portant création de la statistique médicale de l'armée. — Br. de 96 pages ....*franco* » 70
TRAITÉ DES PENSIONS CIVILES ET MILITAIRES, par M. Adrien Bavelier, ancien avocat à la cour de cassation.
    Tome I. — *Pensions civiles.*
    Tome II. — *Pens. milit. des armées de terre et de mer.*
    Les 2 vol. in-8ᵒ................................ 12 »
LOI SUR L'ADMINISTRATION DE L'ARMÉE, promulguée le 16 mars 1882. — Br. in-32 ×..................... » 15
ARMÉE FRANÇAISE. — QUESTIONS ADMINISTRATIVES, par M. Truchot, officier d'administration en retraite. — Vol. in-8ᵒ.. 3 »
FRANCE ET ADMINISTRATION MILITAIRE, par le même. — Vol. in-8ᵒ... 3 »
LOIS, DÉCRETS, CIRCULAIRES réglementant la fabrication, l'emploi et le transport de la dynamite et du coton-poudre ; textes officiels annotés et coordonnés à l'usage de la gendarmerie nationale, par le commandant Dumas-Guilin. — Vol. in-8ᵒ de 84 pages .... 1 »
TABLE GÉNÉRALE DES DISPOSITIONS EN VIGUEUR insérées dans le *Journal militaire officiel* et le *Bulletin officiel du Ministère de la Guerre* du 10 juillet 1791 au 1ᵉʳ janvier 1889. — Volume in-8ᵒ de 350 pages, 2 40, *franco*.. 2 80

INSTRUCTION DU 7 MAI 1889 pour les inspections générales des bureaux de recrutement et des sections de secrétaires d'état-major et du recrutement...... *franco* » 15

Théories, Règlements, Publications officielles

TOUTES ARMES

DÉCRET DU 23 OCTOBRE 1883 portant règlement sur le SERVICE DANS LES PLACES DE GUERRE ET LES VILLES DE GARNISON, (15e édition). — Vol. in-32 cartonné de 280 pages (à jour jusqu'au mois d'août 1888)......... ✕ 1 »

RÈGLEMENT PROVISOIRE DU 1er DÉCEMBRE 1887 sur les travaux de constructions militaires. — Vol. in-8o de 140 pag. Prix *franco*...................................... 1 40

CAHIER DES CLAUSES ET CONDITIONS GÉNÉRALES imposées aux entrepreneurs des travaux militaires. Vol. in-8o de 42 pages, *franco*.................................... » 40

ORGANISATION DU COMMANDEMENT DES PLACES FORTES. — Br. in-8o de 24 pages *franco*....................... » 30

DÉCRET DU 26 OCTOBRE 1883 portant règlement sur le SERVICE DES ARMÉES EN CAMPAGNE (15e édition). — Vol. in-32 cart. de 288 p. (à jour jusqu'au mois d'août 1888) ✕ 1 »

RÈGLEMENT DU 10 MARS 1888, relatif à l'instruction à donner en temps de paix au personnel de la télégrap. militaire. — Br. in-8o de 32 pages, net et *franco*.............. » 25

INSTRUCTION relative à la confection et au mode d'emploi des CARTOUCHES DU TIR RÉDUIT ✕................... » 40

EXTRAIT DE L'INSTRUCTION MINISTÉRIELLE DU 27 JANVIER 1882 SUR LE TIR RÉDUIT. — Br. in-32 ✕...... » 15

RÈGLEMENT DU 26 NOVEMBRE 1884, concernant les soins et précautions à prendre pour la conservation des POUDRES et MUNITIONS DE GUERRE dans les magasins. — Br. in-32 de 48 pages ✕................................. » 50

EXTRAIT DE L'INSTRUCTION MINISTÉRIELLE DU 30 AOUT 1884, sur l'entretien des ARMES et des MUNITIONS. (Carabine de cavalerie avec baïonnette et carabine de gendarmerie avec sabre-baïonnette, revolver et armes blanches, munitions.) — Br. in-32 de 64 pages ✕...... » 30

INSTRUCTION MINISTÉRIELLE DU 15 JANVIER 1874 sur la nomenclature, le démontage, le remontage et l'entretien du REVOLVER MODÈLE 1873. — Br. in-32 × ·········» 30

DISPOSITIONS RELATIVES A L'EXÉCUTION DES MANŒUVRES D'AUTOMNE EN 1889, *franco*...................... » 50

DISPOSITIONS RELATIVES AUX CANTONNEMENTS ET AUX MARCHES DANS LES ALPES, pendant l'année 1889. — Br. in-8º de 28 pages, *franco*...................... » 30

INSTRUCTION DU 28 AVRIL 1888 SUR L'ORGANISATION ET LE FONCTIONNEMENT DES STATIONS HALTE-REPAS ET SUR L'ALIMENTATION PENDANT LES TRANSPORTS STRATÉGIQUES. — Br. in-8º de 68 pages, *net et franco*........... » 40

DÉCISION MINISTÉRIELLE DU 29 FÉVRIER 1888 modifiant les annexes au règlement sur le service des étapes et au règlement sur le service de santé en campagne. — Br. in-8º de 16 pages et 4 planches...................... » 30

RÈGLEMENT GÉNÉRAL POUR LES TRANSPORTS MILITAIRES PAR CHEMINS DE FER (2º partie). — Vol. in-8º de 490 pages, *franco*...................... 2 50

LES TRANSPORTS PARTICULIERS DE LA GUERRE (extrait de l'instruction ministérielle du 25 mars 1886), contenant tout ce qui intéresse MM. les officiers et assimilés, les sous-officiers mariés, les chefs ouvriers et les gendarmes. — Br. in-32 ×...................... » 30

INSTRUCTION SPÉCIALE POUR LE TRANSPORT DES TROUPES PAR LES VOIES FERRÉES. — Extrait du règlement général pour les transports militaires (décret du 1er juillet 1874 modifié par décision du 20 juillet 1888.)

    Infanterie (édition de 1889), cartonné ×......... 1 »
      Relié ×...................... 1 25
    Cavalerie ×...................... 1 »
    Artillerie ×...................... 1 »

INSTRUCTION POUR L'EMBARQUEMENT ET LE DÉBARQUEMENT DES TRAINS MILITAIRES. — Vol. in-32, avec 2 planches ×...................... » 30

ANNEXE A L'INSTRUCTION SPÉCIALE POUR LE TRANSPORT DES TROUPES D'ARTILLERIE ET DU TRAIN DES ÉQUIPAGES PAR LES VOIES FERRÉES, approuvée le 23 mars 1887. — Br. in-32 de 20 pages ×...................... » 30

CODE DES SIGNAUX SUR LES CHEMINS DE FER FRANÇAIS, adopté par arrêté ministériel du 15 novembre 1885, avec figures. — Br. in-32 ✕......................... » 50

RECUEIL COMPLET, avec notes et commentaires, des LOIS, DÉCRETS, CIRCULAIRES, DÉCISIONS et INSTRUCTIONS MINISTÉRIELLES EN VIGUEUR, établissant les droits des SOUS-OFFICIERS en matière de rengagement et mariage, retraite et admission aux emplois civils. — 2 vol. in-32, brochés....................... » 70
    Richement reliés toile.................... 1 20

DROITS ET DEVOIRS DU SOLDAT DE L'ARMÉE ACTIVE, DE LA RÉSERVE ET DE L'ARMÉE TERRITORIALE, d'après les lois, décrets et règlements les plus récents, par A. de la Villatte, lieutenant-colonel du 5e régiment d'infanterie, officier d'académie. Ouvrage adopté par le ministère de l'instruction publique pour les bibliothèques scolaires et populaires (édition, entièrement refondue). — Vol. in-32 de 96 pages, broché........................ » 35
    Richement relié toile..................... » 60

OBLIGATIONS imposées par la loi aux RÉSERVISTES ET TERRITORIAUX. — Br. in-32 ✕..................... » 25

INSTRUCTION MINISTÉRIELLE DU 22 MARS 1886, pour les CONVOCATIONS ANNUELLES de l'armée territoriale. — Vol. in-32 de 96 pages ✕....................... » 60

DÉCRET DU 18 FÉVRIER 1889 portant réorganisation de l'administration centrale de la guerre................. » 25

LOI DU 19 MAI 1834, SUR L'ÉTAT DES OFFICIERS. — Br. in-32 de 16 pages ✕........................ » 20

LOI DU 18 MARS 1889 relative au rengagement des sous-officiers. — Brochure in-8o de 26 pages, *franco*... » 30

TABLEAU D'AVANCEMENT DES OFFICIERS DE TOUS GRADES ET ASSIMILÉS pour l'année 1889. — Br. in-8o de 64 pag. » 40

AIDE-MÉMOIRE DE L'OFFICIER D'ÉTAT-MAJOR EN CAMPAGNE, dernière édition mise à jour. — Beau vol. de 360 pages, avec nombreux tableaux et croquis =........... 5 »

DÉCRET DU 21 DÉCEMBRE 1886, portant réorganisation du service dans les ÉTATS-MAJORS. — Br. in-fo tellière de 36 pages, avec marge pour annotations, *franco*... 1 »
    Le même décret sur format in-8o, *franco*...... » 50

DÉCRET DU 27 DÉCEMBRE 1886, portant création d'un corps
spécial d'INTERPRÈTES DE RÉSERVE. — Br. in-8º de 12
pages, *franco*.. » 25
PROGRAMME DU 7 MARS 1883 sur les connaissances exi-
gées des LIEUTENANTS ET SOUS-LIEUTENANTS proposés
spécialement pour les fonctions de TRÉSORIER et d'OFFI-
CIER D'HABILLEMENT =............................... » 25
PROGRAMME DU 15 MARS 1883 sur les connaissances exigées des SOUS-LIEUTENANTS, LIEUTENANTS ET CAPITAINES
proposés pour l'AVANCEMENT, mis à jour jusqu'en avril
1889 (16 pages) =....................................... » 25
PROGRAMME DU 7 MARS 1883 sur les connaissances exigées des CAPITAINES proposés pour l'AVANCEMENT et présentés spécialement pour les fonctions de MAJOR. = » 25
PROGRAMME des connaissances exigées pour l'admission
dans le CORPS DU CONTRÔLE de l'administration de l'armée, et épreuves à subir par les candidats au grade de
CONTRÔLEUR ADJOINT (24 mars 1883) =............. » 25
PROGRAMME DU 30 SEPTEMBRE 1885, précédé d'une notice
sur le RECRUTEMENT et la NOMINATION DES OFFICIERS DE
RÉSERVE ET DE L'ARMÉE TERRITORIALE attachés à l'intendance =... » 40
PROGRAMME DES CONNAISSANCES EXIGÉES des chefs de bataillon, d'escadron ou mojors, des capitaines et des officiers d'administration proposés pour entrer dans le corps
de l'intendance. Br. in-8º de 24 pages............... » 30
PROGRAMMES DES EXAMENS ORAUX ET PRATIQUES imposés
aux candidats de toutes armes proposés pour des emplois d'OFFICIER et d'ASSIMILÉ : 1º dans les réserves ; 2º
dans l'armée territoriale ; 3º dans les services administratifs ; 4º dans le corps des interprètes militaires. —
Br. in-32 de 64 pages (1888) =....................... » 50
PROGRAMME DES EXAMENS POUR L'ADMISSION A L'ÉCOLE
D'ADMINISTRATION DE VINCENNES. — Br. in-32 de 16
pages ×... » 50
INSTRUCTION MINISTÉRIELLE DU 15 JUILLET 1888 sur le service
courant. — In-8º de 214 pages........... *franco* 1 30
DÉCRET DU 19 JUIN 1888, modifiant le règlement du 12 juin
1867, sur le service des frais de route des militaires
isolés.. » 30

DÉCRET DU 2 MAI 1888 modifiant le règlement sur le service des armées en campagne.................... *franco* » 25
INSTRUCTION DU 8 AVRIL 1889, contenant les dispositions relatives au développement et à l'entretien des connaissances militaires des cadres de la réserve et de l'armée territoriale.. » 25
INSTRUCTION DU 9 AVRIL 1889 sur les inspections générales. —Dispositions communes à toutes les armes, *franco* » 35
INSTRUCTION DU 17 mai 1889 pour l'inspection générale du service des affaires indigènes en Algérie et des renseignements en Tunisie..................... *franco* » 10

LIVRETS POUR TOUTES ARMES

LIVRET MATRICULE D'OFFICIER, modèle nº 1 X......... » 15
LIVRET MATRICULE DE L'HOMME DE TROUPE, mod. nº 2 X » 15
LIVRET MATRICULE DES CHEVAUX D'OFFICIERS, DE TROUPE ET MULETS DE BAT, modèle nº 3 X............... » 15
LIVRET D'INFIRMERIE POUR CHEVAUX D'OFFICIERS, DE TROUPE ET MULETS DE BAT, modèle nº 4 X...... » 20
LIVRET INDIVIDUEL DE L'HOMME DE TROUPE, modèle nº 5 (nouveau) X................................. » 30
LIVRET DE LA MASSE DE PRISON DES DÉTENUS X...... » 30
(Pour les Livrets d'infanterie, cavalerie et artillerie, voir aux chapitres spéciaux.)

Infanterie de ligne, de la marine et génie.

AIDE-MÉMOIRE DE L'OFFICIER D'INFANTERIE EN CAMPAGNE. — Vol. de 294 pages, avec 5 planches, relié toile (2e édition)................................... 5 »
MEMENTO PRATIQUE DU SERVICE DE L'OFFICIER D'INFANTERIE EN CAMPAGNE, par un Officier d'infanterie. — Vol. in-18 de 104 pages, relié toile.................... 2 50
AIDE-MÉMOIRE DE L'OFFICIER DU GÉNIE EN CAMPAGNE (édition de 1886). — Vol. in-8º de 368 pages, relié toile (2e édition) =.............................. 5 »
RÈGLEMENT SUR LES EXERCICES ET LES MANŒUVRES DE L'INFANTERIE, mis en essai par décision ministérielle du 3 mai 1888.
Titre I. Bases de l'instruction. — Titre II. École du

soldat. — Vol. in-32 de 226 pages, couverture parcheminée ✕.................... » 75 *franco* 0 90
Titre III. Ecole de compagnie. —Vol. in-32 de 218 pages,
couverture parcheminée ✕..... 0 75 *franco* » 90
Titre IV. Ecole de bataillon. —Vol. in-32 de 186 pages,
couverture parcheminée ✕..... » 75 *franco* » 90
Titre V. Ecole de régiment. — Vol. in-32 de 104
pages..................... ✕ 0 60 *franco* 0 75

RÈGLEMENT DU 29 JUILLET 1884 SUR L'EXERCICE ET LES
MANŒUVRES DE L'INFANTERIE.
Titre I : *Bases de l'instruction.* — Titre II : *Ecole du
soldat*, avec planches. — Vol. in-32, cartonné, de 192
pages (6e édition) ✕.............................. » 75
Titre III : *Ecole de compagnie.* — Vol. in-32, car-
tonné, de 132 pages (6e édition) ✕................ » 60
Titre IV : *Ecole de bataillon.* — Vol. in-32, cartonné,
de 108 pages (4e édition) ✕...................... » 60
Titre V : *Ecole de régiment.* Application aux unités
plus fortes. Instruction pour les revues et les défilés. —
Vol. in-32 de 80 pages, avec 14 planches ✕....... » 75

*Instruction pour le combat modifiant le règlement
du 29 juillet 1884.*

Fascicule n°ˢ 1 et 2 : *Exposé des principes* ✕.... » 15
—   n° 3 : Titre III, *Ecole de compagnie* ✕ » 15
—   n° 4 : Titre IV, *Ecole de bataillon* ✕. » 25
—   n° 5 : Titre V, *Ecole de régiment* ✕... » 15

MODIFICATION A APPORTER AU RÈGLEMENT DU 29 JUILLET
1884, par suite de la mise en service du FUSIL MODÈLE
1884 et 1885.
Titre II ✕.................................... » 25
Titres III et IV ✕............................ » 05

*Règlement du 29 juillet 1884 sur l'exercice et les manœuvres
de l'infanterie*, modifié par décision ministérielle du
3 janvier 1889.
Titre I : *Bases de l'instruction.* — Titre II : *Ecole du
soldat*, avec planches. — Vol. in-32, cartonné, de 240
pages ✕..................................... » 75
Relié toile anglaise ✕........................ 1 »

Titre III : *Ecole de compagnie.* — Vol. in-32, cartonné, de 138 pages, avec planches ╳.............   » 60
     Relié toile ╳ ....   » 80
Titre IV : *Ecole de bataillon.* — Vol. in-32, cartonné,
de 140 pages, avec planche ╳....... (En préparation).
Titre V : *Ecole de régiment.* Application aux unités
plus fortes. Instruction pour les revues et les défilés. —
Vol. in-32 de 96 p., avec planches ╳. (En préparation).
     Batteries et sonneries. — Vol in-32, cartonné, de
76 pages ╳.................................   » 60
PRÉCIS DE L'ÉCOLE DE BATAILLON comportant les modifications apportées au texte primitif par les instructions
ministérielles récentes et l'instruction sur le combat. —
Vol. in-8º carré de 154 pages....................   2   »
ECOLE DES GUIDES. — Renseignements généraux. — Place
et rôle des serre-files. — Fonctions spéciales. — Fonctions des guides dans les manœuvres à rangs serrés. —
Places et fonctions des serre-files, des guides et du
fourrier dans la colonne de route et dans la colonne
contre la cavalerie. — Renseignements généraux. —
Fonctions des guides dans les manœuvres du bataillon
à rangs serrés. Fonctions spéciales. — Généralités. —
Règle pour le tracé des lignes et moyens d'assurer la
direction lorsque plusieurs bataillons sont placés sous
le même commandement. — Extrait de l'instruction pour
les revues et défilés. — Vol. de 96 pages, relié ╳. » 60
DÉCRET DU 28 DÉCEMBRE 1883, portant règlement sur le
SERVICE INTÉRIEUR DES TROUPES D'INFANTERIE, mis à
jour — Vol. in-32, cartonné, de 432 p., avec nombreux
tableaux (16º édit.) ╳.............................. 1 50
EXTRAIT DU DÉCRET DU 28 DÉCEMBRE 1883, portant règlement sur le SERVICE INTÉRIEUR DRS TROUPES D'INFAN-
TERIE, à l'usage des sous-officiers et caporaux. — Vol.
in-32, cartonné, de 197 pages ╳ (édition de 1899).   » 60
EXTRAIT, PAR DEMANDES ET PAR RÉPONSES, DU DÉCRET DU
23 OCTOBRE 1883, portant règlement sur le SERVICE
DANS LES PLACES DE GUERRE ET LES VILLES DE GARNISON,
à l'usage des sous-officiers et caporaux d'infanterie. —
Vol. in-32, cartonné, de 104 pages ╳.............   » 40

Extrait, par demandes et par réponses, du décret du 26 octobre 1883, portant règlement sur le service des armées en campagne, et de l'instruction du 9 mai 1885 sur ce même service, à l'usage des sous-officiers et caporaux d'infanterie. — Vol. in-32 de 232 p. ×.. » 75

Instruction du 3 mai 1889 pour l'inspection générale des corps d'infanterie.......................... *franco* » 30

Instruction du 9 mai 1889 pour l'inspection générale du génie............................... *franco* » 45

Guide du soldat en campagne. — Vol. in-32, de 90 pages, cartonné (2ᵉ édition)........................... » 60

Guide de l'instructeur à l'usage des officiers, sous-officiers et caporaux d'infanterie, par L. Reynès, lieutenant au 85ᵉ d'infanterie. — Vol. in-32 de 180 pages, avec 4 planches en chromo-lithographie, reliure toile........ 1 50

Manuel d'infanterie avec questionnaire à l'usage des pelotons d'instruction et des engagés conditionnels, conforme aux programmes en vigueur. Comprenant : 1º La théorie du canonnier ; 2º Lecture du livret ; 3º Obligations des réservistes ; 4º Travaux de campagne ; 5º Lecture des cartes ; 6º Place des sous-officiers dans les revues et défilés ; 7º Cours de comptabilité ; 8º Législation. — Volume in-32 de 482 pages, relié toile.. 1 50

Questionnaire complet des connaissances nécessaires aux élèves caporaux des pelotons d'instruction, à l'usage des officiers, sous-officiers et caporaux instructeurs, des élèves caporaux et des engagés conditionnels, conforme au programme annexé à l'instruction du 19 novembre 1884 et aux dernières décisions ministérielles. — Vol. in-32, cartonné, de 120 pages (4ᵉ édition) =. » 75

Guide de l'élève caporal, conforme à la dernière instruction ministérielle du 19 novembre 1884, sur l'organisation et le fonctionnement d'un peloton d'instruction dans les corps de troupe d'infanterie. — Vol. in-18, cartonné, de 584 pages =........................... 1 50

Manuel résumant les différentes théories à faire au soldat sur le service intérieur, l'entretien des effets de toute nature, le paquetage, la mobilisation d'une compagnie, le code de justice militaire, les lois sur l'ivresse, etc.,

par E. Dubois, capitaine au 143e de ligne. — Volume
in-32 de 102 pages =.. » 60

Les Théories dans les chambres, par le commandant
Heumann, O ✿.

Premier volume : *Education militaire du soldat*. — Chapitre Ier : La guerre. Nécessité des armées permanentes. — II. Comment l'on devient soldat. Devoirs des réservistes. Organisation de l'armée. — III. Le Drapeau. La Croix de la Légion d'honneur. — IV. L'armée et la patrie. Patriotisme. Honneur. — V. Des ruses de guerre. — VI. Notions d'hygiène. — Appendice. La convention de Genève. Traitement des prisonniers. Quelques renseignements sur les armées étrangères. Questionnaire. (4e éd.). In-32 de 160 p., relié toile =. » 75

Deuxième volume : *Instruction militaire* (en conformité avec les nouveaux règlements). Chapitre Ier : Service intérieur. — II. Service des places. — III. Service en campagne. — IV. Embarquement en chemin de fer. — V. Mobilisation. — VI. Renseignements pour les troupes en campagne. — VII. Droit international en campagne. — VIII. Outils. Travaux de fortifications (avec planches). — IX. Tir. — X. Progression des théories à faire. — XI. Questionnaire. (3e édition). — Vol. in-32 de 302 pages, relié toile =.. 1 25,

Instruction pratique du soldat et de la compagnie
d'infanterie, avec progressions et programmes détaillés, par C. Le Grand, capitaine adjudant-major au 71e de ligne. — Vol. in-32 de 118 pages, cartonné =.... » 60

Instruction théorique du soldat, ou théories dans les
chambres par demandes et réponses, par le même. — Vol. in-32 de 220 pages, cartonné =.............. » 75

Méthode d'enseignement pour l'instruction du soldat et
de la compagnie, conforme aux prescriptions des règlements des 23, 26 octobre, 28 décembre 1883 et 29 juillet 1884, par J. Bailly, capitaine au 90e de ligne. — Vol. de 128 pages, avec plans et croquis.................... » 35
  Relié toile.. » 60

Extrait de l'instruction ministérielle du 30 août 1884,
sur l'entretien des armes et des munitions. — Fusil

d'infanterie modèle 1874 ou 1866-74 avec épée-baïonnette, revolver et armes blanches, munitions. — Br. in-32 de 64 pages =.. » 30

RÈGLEMENT DU 1er MARS 1888 SUR L'INSTRUCTION DU TIR. — Vol. in-32 de 132 pages, couverture parcheminée × (4e édition)................. » 60 *franco* 0 75
 Le même, relié toile .... » 85, *franco* 1 »

INSTRUCTION SUR L'ARMEMENT, les MUNITIONS, les CHAMPS DE TIR et le MATÉRIEL D'INFANTERIE. — Vol. in-32 de 160 pages, cartonné × (4e édition)...... » 60, *franco* » 75
 Le même, relié toile × .... » 85, *franco* 1 »

RÈGLEMENT SUR L'INSTRUCTION DU TIR, approuvé le 11 novembre 1882. — Vol. de 466 pages in-32, avec figures dans le texte et 20 planches hors texte ×........ 2 75

EXTRAIT DU RÈGLEMENT DU 11 NOVEMBRE 1882 SUR L'INSTRUCTION DU TIR, à l'usage des sous-officiers et des caporaux, approuvé le 21 juillet 1883. — Vol. in-32 de 272 pages avec figures dans le texte et 4 planches hors texte × .... » 90

MODIFICATIONS APPORTÉES AU RÈGLEMENT DU 11 NOVEMBRE 1882 par suite de la mise en service des fusils modèles 1884 et 1885. — Vol. de 180 p., *franco* × » 60

TIR INDIRECT, tables de tir (pentes, hausses, défilement) accompagnées des renseignements nécessaires pour le calcul des éléments du tir indirect et, en particulier, du tir plongeant ×................................... » 15
Les mêmes, collées sur toile et découpées en rectangles × .... » 50

LES MUNITIONS DE L'INFANTERIE : Russie, Autriche, Angleterre, Italie. (Extrait de la *France militaire*.) — Vol. in-32 ×................................... » 25

INSTRUCTION SUR LE SERVICE DE L'INFANTERIE EN CAMPAGNE, approuvée le 9 mai 1885. — Vol. in-32 de 212 pages, 14 grav., cart. (à jour jusqu'au mois d'août 1888). × » 75

NOTIONS ÉLÉMENTAIRES DE FORTIFICATION PASSAGÈRE, à l'usage des volont. d'un an (service de l'infant.) × » 25

INSTRUCTION DU 3 JANVIER 1883, relative aux attributions des ADJUDANTS DE BATAILLON ET DE COMPAGNIE. — Br. in-32 ×................................... » 25

INSTRUCTION THÉORIQUE ET PRATIQUE DES CADRES, DES CONTINGENTS ET DES RÉSERVISTES. — Programmes et documents officiels. — Marche de l'instruction. — Vol. in-32 de 120 pages ╳..................................... » 75

INSTRUCTION DU 19 NOVEMBRE 1884 sur l'organisation et le fonctionnement des PELOTONS D'INSTRUCTION dans les corps de troupe d'infanterie, suivie de la marche annuelle de l'instruction dans les mêmes corps. — Br. in-32 de 48 pages ╳...................................... » 40

INSTRUCTION DU 22 juin 1886 POUR L'ADMISSION DES SOUS-OFFICIERS A L'ECOLE MILITAIRE D'INFANTERIE, complétée par le programme du 31 juillet 1879 et le décret du 11 octobre 1886. — Br. in-32 ╳................. » 50

DÉCRET DU 4 NOVEMBRE 1886, portant réorganisation et programmepour L'ECOLE D'ARTILLERIE ET DU GÉNIE ╳   » 50

RÈGLEMENT DU 15 MAI 1888 SUR L'INSTRUCTION DU RÉGIMENT DE SAPEURS DE CHEMINS DE FER. — Vol. in-8º de 120 pages ....*franco* » 70

INSTRUCTION DU 15 MAI, relative à l'application aux TROUPES DU GÉNIE du décret du 28 décembre 1883, sur le SERVICE INTÉRIEUR. — Br. in-32 de 32 pages........ » 30

RÈGLEMENT DU 21 AOUT 1887, sur l'organisation et l'administration des SECTIONS TECHNIQUES D'OUVRIERS DES CHEMINS DE FER EN CAMPAGNE. — Br. in-8º... » 50

ETAT DU CORPS DU GÉNIE POUR 1889. — Vol. de 260 pages :
    Pour les officiers en activité : broché............ 1 50
    —   —   relié.............. 2 »
    Pour les autres acquéreurs : broché............ 3 »
    —   —   relié............... 4 »

RÈGLEMENT SUR L'ORGANISATION DES TROUPES DU GÉNIE AFFECTÉES AU SERVICE DES CHEMINS DE FER. — Br. in-8º de 16 pages ╳.................................... » 30

INSTRUCTION PRATIQUE DES CADRES DU 17 OCTOBRE 1885, suivie de l'EXTRAIT DE L'INSTRUCTION DU 9 MAI 1885. — Vol. cartonné de 16 pages ╳.................... » 15

INTRUCTION SUR LES MANŒUVRES DE BRIGADES AVEC CADRES POUR L'INFANTERIE, du 26 février 1877. — Vol. in-32 cartonné ╳..................................... » 25

INSTRUCTION DU 31 JANVIER 1884 POUR LES EXERCICES DE

CADRES DE LA BRIGADE D'INFANTERIE. — Br. in-32, 16 pages ✕.. » 25

DÉCISION MINISTÉRIELLE modifiant la TENUE DES OFFICIERS ET ADJUDANTS D'INFANTERIE. — Vol. in-32 de 16 pages » 25

MODIFICATIONS A LA DÉCISION MINISTÉRIELLE DU 20 AOUT 1886, sur le KÉPI DE 1re TENUE de l'infanterie et des sections diverses. — Br. in-8o de 16 pages.................... » 25

RÈGLEMENT DU 23 FÉVRIER 1883, sur le fonctionnement de la MASSE D'ENTRETIEN DU HARNACHEMENT ET FERRAGE dans les corps de troupe d'infanterie. — Br. de 8 pages ✕.. » 20

EXTRAITS DES RÈGLEMENTS ET INSTRUCTIONS SUR L'ADMINIS-TRATION, LES APPELS ET LA MOBILISATION DES RÉSER-VISTES ET DISPONIBLES, à l'usage 'es troupes d'infanterie. — Vol. in-8o de 240 pages........................... 2 50

Le même volume pour les demandes collectives...... 2 »

LA TACTIQUE DE LA COMPAGNIE ET DU BATAILLON A L'É-TRANGER ET EN FRANCE d'après les règlements de manœu-vres. — Vol. in-8o de 118 pages.................... 2 »

LA TACTIQUE DE L'INFANTERIE FRANÇAISE EN 1887. (Extrait de la *Revue d'Infanterie*). — Br. in-8o de 32 pages. » 60

RÈGLEMENT DU 1er SEPTEMBRE 1888 SURL ES MANŒUVRES DE L'INFANTERIE (ALLEMAGNE). — Vol. in-32 de 160 pages, relié toile anglaise............................... 2 »

RÈGLEMENT DU 12 FÉVRIER 1888 sur le tir de l'infanterie allemande. — Vol. in-32 de 190 pages avec figures et une planche, relié toile............................... 2 50

INSTRCTION DE LA COMPAGNIE DANS LE SERVICE EN CAMPAGNE, par le capitaine baron Ernest Wirbach, traduit de l'alle-mand par le lieutenant D. Jung, attaché au ministère de la guerre. — Vol. in-8o de 276 pages.......... 4 »

CONSEILS PRATIQUES SUR LE PERFECTIONNEMENT DE L'INFAN-TERIE DANS LE SERVICE DE CAMPAGNE, pour officiers et sous-officiers, traduit de l'allemand par le major Waver, de l'armée belge. — Br. de 54 pages............... 1 50

GUIDE DU SOUS-OFFICIER ET DU CAPORAL D'INFANTERIE sur la place d'exercice, en terrain varié et sur le champ de bataille. Manuel rédigé en vue de répondre aux ques-tions ci-après des programmes annexés à la circulaire du 3 septembre 1882, savoir : 1º Principes de discipline et d'éducation morale; — 2º Ecole des guides à l'école de compagnie et à l'école de bataillon; — 3º Fonctions des caporaux dans la colonne de route; — 4º Place et fonctions des caporaux et sous-officiers dans les revues et défilés; — 5º Rôle et devoirs des caporaux et sous-officiers dans le combat en ordre dispersé (2e partie de l'école de compagnie). — Vol. in-32 de 128 pages (2e édition) broché.. » 35

    Richement relié toile................................... » 60

LES OUTILS DU PIONNIER D'INFANTERIE, d'après l'instruction ministérielle du 8 août 1880, complétée et rectifiée à l'aide des documents officiels les plus récents. — 25 figures intercalées dans le texte. — Vol. in-32 de 84 pages, broché.. » 35

    Richement relié toile................................... » 60

LES CARTOUCHES ET LE CAISSON D'INFANTERIE, avec figures dans le texte. — Volume in-32 de 100 pages, broché. » 35

    Richement relié toile.................................. » 60

ÉCOLE DES TAMBOURS, CLAIRONS, MUSICIENS ET SAPEURS. — Br. in-32 de 48 pages ×......................... » 60

SONNERIES ET MARCHES DU RÈGLEMENT DU 29 JUILLET 188 , sur l'exercice et les manœuvres de l'infanterie, avec paroles du capitaine du Fresnel. — Vol. de 96 pages.

    Broché.. » 35

    Relié.. » 60

Abonnement d'un an à la REVUE D'INFANTERIE, publication périodique, 96 pages in-8º.

    France.. 20 »

    Colonies et étranger................................. 25 »

LIVRETS

(Riche reliure en toile gaufrée avec barrette *déposée*.) — (Le nombre de feuillets peut être augmenté ou diminué.)

LIVRET DE L'OFFICIER DE PELOTON (28 décembre 1883), contenant 150 feuillets imprimés ×................... 3 »

LIVRET D'ADJUDANT, contenant 170 feuillets ×........ 3 »

LIVRET D'ADJUDANT contenant 350 feuillets (peut en contenir 500) ×... 5 »

Livret du sergent de section, contenant 92 feuill. ✕   2 50
Feuillets mobiles séparés (indiquer l'espèce), le cent. ✕   1 25
Couvertures ✕..   » 50
Barrettes en cuivre ✕..   › 50
Livret de caporal d'escouade, cartonné, contenant 36
    pages ✕..   » 4(
Controle par rang de taille, intérieur peau d'âne ✕.   » 6(
   (Les livrets pour l'infanterie de marine et le génie
            sont aux mêmes prix.)

Cavalerie.

Décret du 31 mai 1882, portant règlement sur les exercices de la cavalerie, revisant et complétant le décret du 17 juillet 1876. — 2 vol. in-32, avec figures dans
   le texte :
      Tome premier. — *Rapports. Titres I et II*, 368 pages;
   cartonné ✕.. 1 50
      Tome second. — *Titres III et IV*, 290 pages; car-
   tonné ✕.. 1 50
Instruction pratique sur le service de la cavalerie
   en campagne, approuvée par le Ministre de la guerre, le
   10 juillet 1884. — Vol. in-32 cartonné, de 296 pages,
   (5e édition modifiée) ✕.. 1 »
Modification a l'instruction du 10 juillet 1884, sur
   le service de la cavalerie en campagne. — Fasci-
   cule in-32 de 16 pages ✕.. » 25
Instruction sur les manœuvres de brigade avec ca-
   dres, pour la cavalerie, du 24 juin 1877. — Vol.
   in-32 broché ✕.. » 25
Instruction sur le service de la cavalerie éclairant
   une armée, approuvée par le Ministre de la guerre, le
   27 juin 1876. — Vol. in-32 broché ✕................ » 20
Décret du 28 décembre 1883, portant règlement sur le
   service intérieur des troupes de cavalerie (6e édition). — Vol. in-32 cartonné de 400 pages ✕...... 1 50
Règlement sur l'instruction du tir des troupes de
   cavalerie, approuvé par le Ministre de la guerre, le

17 août 1884. — Vol. in-32 cartonné de 246 pages, avec nombreux dessins (6e édition) ✕.............. 1 »

INSTRUCTION SOMMAIRE SUR LA CONDUITE DES VOITURES EN GUIDES DANS LA CAVALERIE, approuvée par le Ministre de la guerre, le 26 mars 1887. — Br. in-32 de 44 pages ✕................................. » 25

EXTRAIT DE L'INSTRUCTION MINISTÉRIELLE DU 30 AOUT 1884, SUR L'ENTRETIEN DES ARMES ET DES MUNITIONS. — Carabine de cavalerie sans baïonnette, revolver et armes blanches, munitions. — Br. in-32 de 64 p. ✕. » 30

NOMENCLATURE ET DESCRIPTION DÉTAILLÉE DE LA SELLE DE CAVALERIE (modèle 1874). — Br. in-8º de 24 pages. » 30

ARRÊTÉ MINISTÉRIEL DU 5 AVRIL 1886, portant instruction pour l'établissement des propositions pour le grade de sous-lieutenant dans l'arme de la cavalerie (18 février 1889). — Vol. de 24 pages ✕.................. » 50

RÈGLEMENT SUR LE SERVICE DES ÉCOLES DANS LA CAVALERIE (Instr. du 17 janvier 1883). — Br. de 32 p. ✕. 50

DÉCISION MINISTÉRIELLE DU 18 DÉCEMBRE 1883, portant description d'une nouvelle TENUE DES OFFICIERS ET ADJUDANTS DE CAVALERIE. — Br. in-32 de 20 p. ✕. » 25

NOTES SUR L'INSTRUCTION DES RECRUES DANS LA CAVALERIE. — Vol. in-32 de 182 pages, cartonné......... 1 25

LA CAVALERIE ET SES CHEVAUX, par G***. — Br. in-18 jésus................................... 1 »

L'ENTRAINEMENT, Etude sur la cavalerie, par G***. (Extrait de la *France militaire*, 2e édition) — Br. in-18... » 50

LE DRESSAGE DES CHEVAUX, par G*** (2e éd.). — Br. in-18 » 50

ÉTUDE SUR LES CHEVAUX DU LIMOUSIN, DE L'AUVERGNE ET DE LA MARCHE, par le commandant de Saincthorent, ancien député de la Creuse. — Vol. in-8º de 400 pages, avec dessins de Melle-Blondeau.................. 4 »

L'ARMÉE FRANÇAISE EN 1884 ET LE GÉNÉRAL DE GALLIFET, par un officier hollandais. — Br. in-8º.......... 1 »

LA CAVALERIE DE SECONDE LIGNE EN FRANCE ET A L'ÉTRANGER, appels et périodes d'instruction, par Romuald Brunet. — Vol. de 96 pages........................ » 35
 Richement relié toile...................... » 60

PASSAGE DES COURS D'EAU A LA NAGE PAR LA CAVALERIE.

— Vol. de 64 pages, avec carte et figures........ » 3
Relié toile.. » 6
LA CAVALERIE FRANÇAISE EN 1884, par Ubiez. — Riche vol
in-18 de 296 pages, édition de luxe (1886)........ 3
LA CAVALERIE DES ANCIENS ET LA CAVALERIE D'AUJOURD'HUI
— Vol in-18 de 116 pages...................... 2 5
A TRAVERS LA CAVALERIE. Organisation, mobilisation, ins
truction, administration, remontes, tactique. — Vol
grand in-8º, imprimé sur papier japon.......... 6
ORGANISATION ET ROLE DE LA CAVALERIE FRANÇAISE PEN
DANT LES GUERRES DE 1800 A 1815. — Vol. in-8º de 10
pages... 2 5

LIVRETS

(Riche reliure en toile gaufrée avec barrette *déposée*.

LIVRET DE L'OFFICIER DE PELOTON (28 décembre 1883), con
tenant 150 feuillets imprimés ✕.................. 2 7
LIVRET D'ADJUDANT ✕............................. 2 7
LIVRET DU SOUS-OFFICIER DE PELOTON, contenant 15
feuillets ✕...................................... 2 7
Feuillets mobiles séparés (indiquer l'espèce) ; le cent ✕. 1 2
(Le nombre des feuillets peut être augmenté ou diminué.)
Couvertures................................... ✕ » 5(
Barrettes en cuivre........................... ✕ » 5(

Artillerie

EXTRAIT DU RÈGLEMENT SUR LE SERVICE ET L'ENTRETIEN D
HARNACHEMENT DE L'ARTILLERIE ET DES ÉQUIPAGES MILI
TAIRES dans les corps de troupe et dans les établisse
ments (11 juin 1883). — Vol. de 16 pages.......... » 4(
INSTRUCTION SUR L'EMPLOI DE L'ARTILLERIE DANS LE COMBAT
approuvée le 1er mai 1887. — Br. in-32 de 86 p. ✕. 50
MODIFICATIONS AUX BASES GÉNÉRALES DE L'INSTRUCTION DE
CORPS DE TROUPES DE L'ARTILLERIE, note approuvé
le 26 mai 1888. — Brochure in-32 de 46 pages ✕. » 4(
TRAITÉ THÉORIQUE ÉLÉMENTAIRE DE TIR, par le capitaine
C. Pilate, du 25e d'artillerie. — Vol. in-32 cartonné d
152 pages =..................................... 1

DÉCRET DU 28 DÉCEMBRE 1883, portant règlement sur le SERVICE INTÉRIEUR DES TROUPES DE L'ARTILLERIE ET DU TRAIN DES ÉQUIPAGES MILITAIRES. — Vol. in-32 cartonné de 420 pages (à jour jusqu'au mois d'août 1888) × 1 50

MODIFICATIONS AU SERVICE INTÉRIEUR. — Fascicule de 68 pages, imprimées d'un côté seulement ×..... 0 25

EXTRAITS DES DÉCRETS DES 23 OCTOBRE ET 28 DÉCEMBRE 1883, portant règlement sur le SERVICE DANS LES PLACES DE GUERRE ET LES VILLES DE GARNISON, et sur le SERVICE INTÉRIEUR DES TROUPES DE L'ARTILLERIE ET DU TRAIN DES ÉQUIPAGES MILITAIRES, mis à jour jusqu'au mois d'août 1888. — Vol. in-32 cartonné de 288 pages ×.. 1 »

APPENDICE AUX BASES GÉNÉRALES DE L'INSTRUCTION DES CORPS DE TROUPE DE L'ARTILLERIE, approuvé par le Ministre de la guerre le 27 septembre 1883. — Br. in-32 de 32 pages ×.................................... » 30

INSTRUCTION PROVISOIRE SUR LE SERVICE DE L'ARTILLERIE EN CAMPAGNE, approuvée par le Ministre de la guerre le 10 avril 1876. — Br. in-32 ×..................... » 30

INSTRUCTION SUR LE SERVICE DE L'ARTILLERIE DANS UN SIÈGE, approuvée par le Ministre de la guerre le 17 mai 1876. — Br. in-32 de 72 pages ×.................... » 50

INSTRUCTION SUR L'EMPLOI DU CANON A BALLES DANS LES CASEMATES POUR LE FLANQUEMENT DES FOSSÉS, approuvée le 22 juillet (fascicule de 24 pages in-32) ×...... » 30

INSTRUCTION PROVISOIRE SUR LA FORMATION DES POINTEURS DANS LES CORPS DE TROUPE DE L'ARTILLERIE (2e édition) ×.................................... » 50

INSTRUCTION SUR LE SERVICE DE LA CARABINE MODÈLE 1874, POUR LES TROUPES D'ARTILLERIE ET DU TRAIN DES ÉQUIPAGES MILITAIRES, approuvée le 24 mars 1876. — Vol. in-32, broché ×.................................... » 20

INSTRUCTION SUR LE SERVICE DU MOUSQUETON MODÈLE 1874, POUR LES TROUPES DE L'ARTILLERIE, approuvée par le Ministre de la guerre le 24 mars 1876. — Vol. in-32 de 32 pages ×.................................... » 20

EXTRAIT DE L'INSTRUCTION MINISTÉRIELLE DU 30 AOUT 1884, SUR L'ENTRETIEN DES ARMES ET DES MUNITIONS. — Mous-

queton avec sabre-baïonnette, revolver et armes blanches, munitions. — Br. in-32 de 48 pages ×..... » 2

MANUEL A L'USAGE DES OFFICIERS D'ARTILLERIE DE L
RÉSERVE ET DE L'ARMÉE TERRITORIALE. *Construction de*
batteries. — Vol. in-32, 95 pages et 4 planches ×. » 5

MANUEL A L'USAGE DES OFFICIERS D'ARTILLERIE DE L
RÉSERVE ET DE L'ARMÉE TERRITORIALE. *Batteries de 5, d*
7 et de 95 millimètres de campagne. — Vol. in-18 de 168
pages ×.. » 75

RÈGLEMENT SUR L'INSTRUCTION A PIED DANS LES CORPS DE
TROUPE DE L'ARTILLERIE, approuvé par le Ministre de l
guerre le 25 novembre 1885. — Vol. in-32 ×..... › 75

EXTRAIT DU RÈGLEMENT SUR L'INSTRUCTION A PIED DANS LES
CORPS DE TROUPE DE L'ARTILLERIE, approuvé par le
Ministre de la guerre le 25 novembre 1885. — Vol.
in-32 ×.. 1 60

RÈGLEMENT SUR L'INSTRUCTION A CHEVAL DANS LES CORPS
DE TROUPE DE L'ARTILLERIE, approuvé le 20 décembre
1884. — Vol. in-32 de 204 pages, figures et tableaux; cartonné (1889) ×..................................... » 75

RÈGLEMENT SUR L'ORGANISATION DES PELOTONS D'INSTRUC-
TION DANS LES CORPS DE TROUPE DE L'ARTILLERIE-
approuvé par le Ministre de la guerre le 17 juillet 1876,
— Vol. in-32, broché ×............................. » 20

ADDITION AU TITRE III. — *Règlement provisoire sur le ser-*
vice du mortier de 220 millimètres, approuvé par le
Ministre de la guerre le 7 mai 1881. — Br. in-32 × » 50

ADDITION AU TITRE III. — *Règlement sur le service des*
bouches à feu de petit calibre montées sur affûts de siège
et de place, approuvé le 21 juillet 1883. — Vol. cartonné
de 96 pages ×...................................... » 50

ADDITION AU TITRE III. — *Règlement provisoire sur le ser-*
vice des canons de 120 et de 155 millimètres, montés sur
affût de siège muni du frein hydraulique, approuvé par
le Ministre de la guerre le 25 septembre 1885. — Vol.
cartonné de 116 pages ×............................ » 60

ADDITION AU TITRE IV. — *Règlement sur le service du*
canon-revolver, approuvé le 9 septembre 1883. — Vol.
de 48 pages ×...................................... » 30

ADDITION AU TITRE V, approuvée le 15 août 1875. — *Canon de 16 et obusier de 22.* — Vol. in-32 de 160 pages, cartonné ✕.. 1 »

ADDITION AU TITRE V, approuvée le 21 mai 1880. — *Canon de 19 et de 24 centimètres, rayé en fonte, tubé et fretté, monté sur affût de côte en fonte.* — Vol. in-32 de 144 pages, cartonné ✕............................... 1 »

ADDITION AU TITRE V. — *Règlement sur le service de l'obusier de 22 centimètres en fonte, rayé, fretté, monté sur un affût de côte en fonte et chassis en fonte à pivot central,* approuvé par le Ministre de la guerre le 25 août 1885. — Vol. in-32 de 64 pages ✕................... » 50

ADDITION AU TITRE VII. — *Instruction sur les manœuvres de la chèvre de place* nº 1 (modèle 1875), approuvée par le Ministre le 18 septembre 1876. — Br. in-32 ✕. » 75

ADDITION AU TITRE VII. — *Instruction sur les manœuvres de la chèvre de place* nº 2 (modèle 1875), *la manœuvre du cabestan de carrier et l'emploi des chariots à canon* nº 1 *et* nº 2, approuvée par le Ministre de la guerre le 31 mai 1879. — Renseignements sommaires sur les mouvements du matériel relatifs au canon de 24 millimètres. — Br. in-32, 64 pages ✕.............................. » 50

INSTRUCTION SUR LES MANŒUVRES DE LA CHÈVRE DE PLACE nº 3 (modèle 1875) approuvée le 14 juin 1888. — Brochure in-32 de 32 pages. ✕........................ » 20

RÈGLEMENT SUR LE SERVICE DES BOUCHES A FEU. — Titre Iᵉʳ. — 1ʳᵉ partie : *Service des bouches à feu de campagne.* — Règlement provisoire sur le service des canons de 80 et 90 millimètres. approuvé par le Ministre de la guerre le 28 novembre 1887. — Vol. in-32 de 136 pages ✕ » 75

2ᵉ partie : *Service du canon à balles.* — Vol. in-32, 128 pages ✕.................................... » 75

RÈGLEMENT PROVISOIRE SUR LE SERVICE DES CANONS DE 80 ET DE 90 MILLIMÈTRES, approuvé le 2 avril 1878. — Vol. de 112 pages in-32 ✕........................ » 50

RÈGLEMENT PROVISOIRE SUR LE SERVICE DU CANON DE 95 MILLIMÈTRES MONTÉ SUR AFFUT DE CAMPAGNE, approuvé le 20 mai 1878. — Vol. de 112 pages in-32 ✕...... » 60

RÈGLEMENT PROVISOIRE SUR LE SERVICE DES CANONS DE

80, DE 90 ET DE 95 MILLIMÈTRES, 2e partie, approuvé le 18 novembre 1878. — Vol. in-32 de 440 pages ✕.. 3 »

ADDITION AU RÈGLEMENT SUR LE SERVICE DES CANONS DE CAMPAGNE ; *Batterie de 90 organisée avec des coffres modèle de* 1880, approuvée le 20 juillet 1883. — Vol. in-32 cartonné de 144 pages ✕.......................... » 75

RÈGLEMENT SUR LE SERVICE DE L'ARTILLERIE DE MONTAGNE. — Vol. in-32 de 232 pages ✕............... 1 50

RÈGLEMENT SUR LE SERVICE DES BATTERIES DE 80 DE MONTAGNE, approuvé le 22 mars 1882. — Nouvelle édition in-32 de 249 pages ✕......................... » 75

INSTRUCTION DU 14 FÉVRIER 1887 SUR LES FORMATIONS EN BATAILLE ET EN MARCHE DES SECTIONS DE MUNITIONS ET DES SECTIONS DE PARC. — Br. in-32 de 28 pages ✕ » 30

RÈGLEMENT SUR LES MANŒUVRES DES BATTERIE ATTELÉES, approuvé le 28 décembre 1888.

TITRE Ier. — Bases particulières de l'instruction. — Volume in-32 de 156 pages............................. » 75

TITRE II. — Ecole du canonnier-conducteur. — Instruction sur les marches. — Ecole de section. — Volume in-32 de 240 pages................................ » 75

EXTRAIT DU RÈGLEMENT SUR LES MANŒUVRES DES BATTERIES ATTELÉES, approuvé le 11 août 1882. — Vol. in-32 de 285 pages, avec figures ✕................... 1 »

INSTRUCTION SUR LE REMPLACEMENT DES MUNITIONS EN CAMPAGNE. — Br. in-32 ✕.................... » 30

INSTRUCTION PROVISOIRE POUR LA PRÉPARATION DES TROUPES D'ARTILLERIE A L'EXÉCUTION DU TIR INDIRECT DANS LES PLACES, approuvée le 24 janvier 1885. — Vol. in-32 cartonné de 64 pages ✕...................... » 60

DÉCRET DU 4 NOVEMBRE 1886, portant réorganisation et programme pour l'ÉCOLE D'ARTILLERIE ET DU GÉNIE ✕.. » 50

COURS SPÉCIAL A L'USAGE DES SOUS-OFFICIERS D'ARTILLERIE approuvé par le Ministre de la guerre, nouvelle édition mise à jour jusqu'en 1888. — Vol. in-8o de 252 p. ✕ 3 »

INSTRUCTIONS INTÉRIEURES DES JEUNES SOLDATS DE L'ARTILLERIE. — Vol. in-32 de 216 pages................. 1 25

Manuel du sous-officier d'artillerie. — Vol. in-32 de 112 pages, cartonné .... 1 »

Programme des cours préparatoires professés dans les écoles régimentaires de l'artillerie et du train des équipages militaires (du 7 janvier 1887). — Br. in-8º de 16 pages ╳..................... *franco* » 20

Règlement du 1er septembre 1888 sur le service des écoles régimentaires des corps de troupe de l'artillerie et des équipages militaires. — Br. in-8 de 24 p., *franco*.. » 35

Tarifs et devis des objets composant le harnachement des chevaux de l'artillerie et du train des équipages (5 janvier 1887). — Br. in-8º de 80 pages *franco* » 85

Historique succinct de l'artillerie au Tonkin pendant les années 1883 et 1884, par L. Humbert, chef d'escadron d'artillerie de la marine. — 2 vol. brochés.. » 70
    Richement reliés toile...................... 1 20

Instruction du 30 avril 1889 pour l'inspection générale de l'artillerie et pour l'inspection générale du train des équipages militaires .... *franco* » 35

Instruction du 16 mai 1889 sur l'inspection générale des établissements du service des poudres et salpêtres .... *franco* » 15

LIVRETS

(Riche reliure en toile gaufrée avec barrette déposée.)

Livret de l'officier de demi-batterie (28 décembre 1883), contenant 200 feuillets imprimés ╳.............. 2 75

Livret de l'adjudant, contenant 200 feuillets ╳..... 2 75

Livret de maréchal des logis, contenant 89 feuillets ╳..................................... 2 25

Feuillets mobiles séparés (indiquer l'espèce); le cent ╳. 1 25

(Le nombre des feuillets peut être augmenté ou diminué.)

Couvertures ╳.................................. » 50
Barrettes en cuivre ╳........................... » 50

Train des équipages

Modifications au service intérieur. — Fascicule de 68 pages, imprimées d'un côté seulement ╳......... 0 25

DÉCRET DU 28 DÉCEMBRE 1883, portant règlement sur le SERVICE INTÉRIEUR DES TROUPES DE L'ARTILLERIE ET DU TRAIN DES ÉQUIPAGES MILITAIRES. — Vol. in-32 cartonné de 420 pages (à jour jusqu'au mois d'août 1888) ✕. 1 50

EXTRAITS DES DÉCRETS DES 23 OCTOBRE ET 28 DÉCEMBRE 1883, portant règlement sur le SERVICE DANS LES PLACES DE GUERRE ET LES VILLES DE GARNISON, et sur le SERVICE INTÉRIEUR DES TROUPES DE L'ARTILLERIE ET DU TRAIN DES ÉQUIPAGES MILITAIRES. — Vol. in-32 cartonné de 288 pages (à jour jusqu'au mois d'août 1888) ✕. 1 »

RÈGLEMENT SUR L'INSTRUCTION A PIED DANS LES ESCADRONS DU TRAIN DES ÉQUIPAGES MILITAIRES, approuvé le 11 juill. 1886. — Vol. in-32 de 188 p., cartonné ✕ » 75

RÈGLEMENT SUR L'INSTRUCTION A CHEVAL DANS LES ESCADRONS DU TRAIN DES ÉQUIPAGES MILITAIRES, approuvé le 31 janvier 1877. — Vol. in-32 de 170 pages ✕..... » 75

INSTRUCTION SUR LA CONDUITE DES VOITURES EN GUIDES POUR LES TROUPES DU TRAIN DES ÉQUIPAGES MILITAIRES, approuvée le 6 février 1875. — Vol. in-32 de 64 p. ✕ » 40

RÈGLEMENT SUR LA CONDUITE DES VOITURES ET MULETS DE BAT POUR LES TROUPES DU TRAIN DES ÉQUIPAGES MILITAIRES, approuvé le 21 juillet 1883. — Vol. de 493 pages avec nombreuses figures dans le texte ✕......... 2 »

RÈGLEMENT SUR L'ORGANISATION DES PELOTONS D'INSTRUCTION DANS LE CORPS DU TRAIN DES ÉQUIPAGES, approuvé par le Ministre le 17 juillet 1876. — Vol. in-32 br. ✕ » 20

INSTRUCTION SUR LE SERVICE DE LA CARABINE MODÈLE 1874, POUR LES TROUPES D'ARTILLERIE ET DU TRAIN DES ÉQUIPAGES MILITAIRES, approuvée par le Ministre de la guerre le 24 mars 1876. — Vol. in-32, broché. ✕........ » 20

EXTRAIT DE L'INSTRUCTION MINISTÉRIELLE DU 30 AOUT 1884, SUR L'ENTRETIEN DES ARMES ET DES MUNITIONS. — Carabine de cavalerie avec baïonnette et carabine de gendarmerie avec sabre-baïonnette, revolver et armes blanches, munitions. — Br. in-32 de 64 pages ✕...... » 30

EXTRAIT DE L'INSTRUCTION MINISTÉRIELLE DU 30 AOUT 1884, SUR L'ENTRETIEN DES ARMES ET DES MUNITIONS. — Mousqueton avec sabre-baïonnette, revolver et armes blanches, munitions. — Br. in-32 de 48 pages ✕...... » 25

RÈGLEMENT DU 1er SEPTEMBRE 1888 sur le service des écoles régimentaires des corps de troupe de l'artillerie et des équipages militaires. — Br. in-8 de 24 p., *franco*..   » 35

TARIFS ET DEVIS DES OBJETS COMPOSANT LE HARNACHEMENT DES CHEVAUX DE L'ARTILLERIE ET DU TRAIN DES ÉQUIPA-PAGES (5 janvier 1887). — Br. de 80 pages, *franco*   » 85

LIVRETS

(Riche reliure en toile gaufrée avec barrette *déposée*.)

LIVRET DE L'OFFICIER DE DEMI-COMPAGNIE (28 décembre 1883), contenant 200 feuillets imprimés ✕ 2 75

LIVRET DE L'ADJUDANT, contenant 200 feuillets ✕ 2 75

LIVRET DU MARÉCHAL DES LOGIS, contenant 89 feuillets ✕   2 25

Feuillets mobiles séparés (indiquer l'espèce); le cent ✕.   1 25

(Le nombre de feuillets peut être augmenté ou diminué.)

Couvertures ✕....................................   » 50

Barrettes en cuivre ✕...........................   » 50

Justice militaire et Gendarmerie

Abonnement d'un an à L'ECHO DE LA GENDARMERIE NATIONALE, avec l'*Annuaire*. France, Corse, Algérie et Tunisie.   6 50
   Colonies et étranger...........................   8 »

NOUVEAUX CODES FRANÇAIS ET LOIS USUELLES CIVILES ET MILITAIRES. Recueil spécialement destiné à la gendarmerie et à l'armée. — Relié toile anglaise......   5 »

CODE-MANUEL DE JUSTICE MILITAIRE POUR L'ARMÉE DE TERRE, suivi d'une instruction pour la tenue de l'audience par le président, d'un extrait des Codes d'instruction crimi-nelle et pénal; d'un recueil des lois, décrets et circu-laires ministérielles, des divers modèles d'actes et pro-cès-verbaux judiciaires. — Fort vol. de 384 pages, relié ....   2 »

LA POLICE JUDICIAIRE MILITAIRE EN TEMPS DE PAIX ET EN TEMPS DE GUERRE, par Emile Loyer, chef d'escadron de gendarmerie. — Vol. in-32 de 224 pages..........   1 50

GUIDE DES RAPPORTEURS PRÈS LES CONSEILS DE GUERRE PER-MANENTS EN TEMPS DE PAIX, par Aug. Cusin et Dechenne. — Fort vol. in-8o de 180 pages.................   4 »

GENDARMERIE, par L. Amade, chef de légion, et, pour la partie administrative, par E. Corsin, capitaine à la garde républicaine. — Fort vol. in-8º, broché, de 800 pages (6e édition)... 5 »

    Relié toile anglaise.................................... 6 »

GUIDE FORMULAIRE DE LA GENDARMERIE dans l'exercice de ses fonctions de police judiciaire, civile et militaire, par Etienne Meynieux, docteur en droit. — Vol. in-8º de 540 pages, broché................................... 6 »

CARNET-GUIDE DU GENDARME, revu, augmenté et mis à jour, (5e édition, 1888), volume entièrement modifié, d'un format commode, facile à mettre dans la poche, recouvert élégamment en toile dorée..................... 1 25

NOUVEAU VADE-MECUM DE LA GENDARMERIE, par M. le lieutenant Berthet, commandant d'arrondissement. — Joli vol. in-32 de 130 pages, relié en toile anglaise........ 1 25

ANNUAIRE SPÉCIAL DE L'ARME DE LA GENDARMERIE, pour 1889 — Br. in-8º de 254 pages............................ 2 »

ALMANACH DE LA GENDARMERIE pour 1889. — Br. in-32 de 216 pages...................................... » 60

PRÉVÔTÉ AUX ARMÉES. — Extrait des circulaires des 19 et 25 octobre 1887. — In-32 de 64 pages............ » 60

DÉCRET DU 19 OCTOBRE 1887 SUR LA COMPTABILITÉ DES PRÉVÔTÉS EN CAMPAGNE. — Br. de 76 pages avec modèles et tableaux............................*franco* » 70

INSTRUCTION DU 25 OCTOBRE 1887 SUR LE SERVICE PRÉVÔTAL DE LA GENDARMERIE AUX ARMÉES. — Br. in-8º de 188 pages............................*franco* 1 50

LA PRÉVÔTÉ EN CAMPAGNE, *Aide-mémoire*, par M. L. Amade, lieutenant-colonel, commandant la 11e légion. — Vol. in-32 de 232 pages, honoré d'une souscription des Ministres de la guerre et de la marine (2e édition).

    Broché 1 30

    Cartonné.. 1 60

    Relié toile, avec poche, coulisseau à crayon.... 2 25

EXTRAIT A L'USAGE DES BRIGADES DE GENDARMERIE DE L'INSTRUCTION DU 28 DÉCEMBRE 1879 (édition refondue), *sur l'administration des hommes de tout grade de la dispo-*

nibilité, de la réserve et de l'armée territoriale dans leurs foyers. — Vol. in-8º de 230 pages.............. 2ᵉ »

INSTRUCTION SUR L'ADMINISTRATION DES GENDARMES RÉSERVISTES ET TERRITORIAUX DANS LEURS FOYERS (circulaire ministérielle du 1ᵉʳ février 1884). — Br. in-32...... » 25

DEVOIRS DE LA GENDARMERIE, en ce qui concerne les HOMMES ASTREINTS AU SERVICE MILITAIRE. (Chapitre Iᵉʳ de l'instruction du 20 décembre 1880, mis à jour jusqu'au 5 octobre 1888.) — Vol. in-18, relié toile............. 1. »

MANUEL DU GENDARME, pour servir à la rédaction des procès-verbaux, indispensable à tous les sous-officiers, brigadiers et gendarmes soucieux de bien remplir leur mission (10ᵉ édition). — Beau petit vol. in-32 de 100 pages, richement relié en toile gaufrée................... » 80

MODÈLES D'ANALYSES DE PROCÈS-VERBAUX, pouvant s'appliquer à tous les cas qui se rencontrent dans la gendarmerie. — Br. in-18............................. » 30

CARNET DE POCHE à l'usage des commandants de brigade et des gendarmes, pour servir à l'INSCRIPTION DES SIGNALEMENTS, MANDATS DE JUSTICE ET ORDRES DE RECHERCHE, avec table alphabétique, papier blanc réservé pour notes, relié toile avec coulisseaux.

    De 130 feuillets............................... 1 50
    De 236 feuillets............................... 2 50

RÉSUMÉ MÉTHODIQUE DES PIÈCES A FOURNIR PAR LES COMMANDANTS DE BRIGADE, en ce qui concerne le RECRUTEMENT, les MILITAIRES EN CONGÉ, EN PERMISSION OU A L'HOPITAL, revu et annoté par le commandant P. T. — Br. in-18.. » 50

MANUEL SUR LES PENSIONS DE RETRAITE DES OFFICIERS, SOUS-OFFICIERS, BRIGADIERS, CAPORAUX, SOLDATS OU GENDARMES, ET SUR LES PENSIONS DES VEUVES ET SECOURS AUX ORPHELINS, avec tarifs, annotations et explications utiles à la gendarmerie. — Br. in-8º de 52 pages, avec nombreux tableaux (4ᵉ édition) .... 1 »

INSTRUCTION DU 27 AOUT 1886, relative aux DEMANDES DE SECOURS .... » 50

DÉCRET DU 1ᵉʳ MARS 1854, portant règlement sur L'ORGANISATION ET LE SERVICE DE LA GENDARMERIE, mis à jour jusqu'au mois de juin 1888 et annoté par un officier de l'arme. — Vol. in-8º relié ✕...................... 2 »

Le même, intercalé de papier blanc ✕............... 3 »

RÈGLEMENT DU 9 AVRIL 1858 SUR LE SERVICE INTÉRIEUR DE LA GENDARMERIE, modifié par les nouvelles instructions et annoté par un officier de l'arme, suivi de l'instruction spéciale du 25 avril 1873 sur l'hygiène des chevaux des brigades de gendarmerie (à jour jusqu'au mois de juillet 1888). — Vol. in-8º ✕..................... 1 30

Le même, intercalé de papier blanc ✕................ 2 50

INSTRUCTION MINISTÉRIELLE DU 30 AVRIL 1883, SUR LE SERVICE MUNICIPAL DE LA GARDE RÉPUBLICAINE. — Vol. in-8º de 64 pages, relié...................... » 40

DÉCRET DU 18 FÉVRIER 1863, portant règlement sur LA SOLDE, LES REVUES, L'ADMINISTRATION ET LA COMPTABILITÉ DE LA GENDARMERIE, annoté et mis à jour jusqu'au 1er août 1887, par E. Corsin, capitaine à la garde républicaine.— Vol. in-8º, relié toile anglaise, de 278 pages ✕... 4 »

RÈGLEMENT DE 1884, POUR LES FRAIS DE COMPARUTION EN JUSTICE ET LE TRANSFÈREMENT DES PRISONNIERS. — Br. in-32................................... » 30

RÈGLEMENT SUR LES EXERCICES A PIED DE LA GENDARMERIE, approuvé par le Ministre de la guerre le 2 mai 1883. — Vol. relié de 198 p., avec figures dans le texte (édition de 1887) ✕........................... 1 »

RÈGLEMENT SUR LES EXERCICES A PIED ET A CHEVAL DE LA GENDARMERIE, approuvé par le Ministre de la guerre le 2 mai 1883. — Vol. relié de 424 pages, avec figures dans le texte (édition de 1888) ✕..................... 1 35

INSTRUCTION MINISTÉRIELLE DU 15 JANVIER 1874, SUR LA NOMENCLATURE, LE DÉMONTAGE, LE REMONTAGE ET L'ENTRETIEN DU REVOLVER MODÈLE 1873. — Br. in-32...... » 30

En placard............................ » 15

EXTRAIT DE L'INSTRUCTION MINISTÉRIELLE DU 30 AOUT 1884, SUR L'ENTRETIEN DES ARMES ET DES MUNITIONS. — Carabine de cavalerie avec baïonnette et carabine de gendarmerie avec sabre-baïonnette, revolver et armes blanches, munitions. — Br. in-32 de 64 pages.............. » 30

INSTRUCTION SUR L'ENTRETIEN DE LA CARABINE MODÈLE
  1866-67 (en placard)...................................... » 20
NOMENCLATURE DE LA CARABINE MOD. 1866-74 (en placard) » 15
INSTRUCTION SUR LES CONDITIONS D'ADMISSION DANS LA
  GENDARMERIE DES OFFICIERS ET DES SOUS-OFFICIERS DE
  L'ARMÉE, et programmes des examens à subir.... » 25
INSTRUCTION DU 1er MAI 1889 pour les inspections générales
  de gendarmerie.......................... *franco* » 65
INSTRUCTION DU 10 MAI 1889 pour l'inspection générale du
  service de la justice militaire............. *franco* » 15
LA GENDARMERIE DE DEMAIN ou *la Gendarmerie après la
  nouvelle loi militaire*. — Br. in-18 de 72 pages =. 1 »
ESQUISSE HISTORIQUE DE LA GENDARMERIE FRANÇAISE, par
  H. Delattre :

Aux gendarmes. — Origines. — Organisations et dénominations diverses.
  — Service particulier de la cour : Prévôté de l'hôtel ; Compagnie des
  voyages et chasses du roi et gendarmerie forestière ; Gendarmerie d'élite ;
  Gendarmerie de la garde impériale sous Napoléon III. — Service spécial
  de la ville de Paris : Guet royal ; Garde de l'hôtel de ville ; Compagnie
  de robe courte et du Châtelet ; Prévôté générale des monnaies ; Garde de
  Paris ; Gardes des îles, ports et quais ; Gardes de Bicêtre et de la Salpé-
  trière ; Gendarmerie des tribunaux ; Grenadiers-gendarmes ; Divisions de
  la gendarmerie nationale parisienne ; Légion de police générale ; Garde
  municipale de Paris ; Gendarmerie impériale de Paris ; Gendarmerie
  royale de Paris ; Garde républicaine. — Service de la province et des
  armées : Compagnie de la connétablie ; Compagnie de maréchaussée de
  l'Ile-de-France ; Compagnies de maréchaussée des diverses provinces et
  généralités ; Divisions et légions de gendarmerie des départements ; Divisions d'après le titre VII de la loi du 16 février 1791. — Inspections :
  Gendarmerie de l'armée d'Espagne ; Archers de la marine ; Gendarmerie
  maritime ; Gendarmerie coloniale ; Voltigeurs corses ; Compagnies séden-
  taires ou vétérans de la Gendarmerie ; Gendarmerie mobile ; Régiments
  provisoires de gendarmerie à cheval ; Légion d'Afrique ; Voltigeurs
  algériens ; Régiments de gendarmerie à pied et à cheval pendant la guerre
  de 1870-71 ; Gendarmes réservistes et territoriaux ; Recrutement ; Uniforme ;
  Attributions ; Services rendus.

  Belle brochure in-18 de 88 pages................ 2 »
LA GENDARMERIE NATIONALE DEVANT LES CHAMBRES. — Br.
  in-18.. » 50
CATALOGUE DES MÉDICAMENTS FOURNIS AUX MILITAIRES DE LA
  GENDARMERIE ET A LEURS FAMILLES. — Br. in-8º de 16
  pages.. » 25

INSTRUCTION DU 28 JUIN 1887 sur le harnachement de la Gendarmerie, modifiant celle du 21 octobre 1881.... » 30
INSTRUCTION SUR LES EMPLOIS CIVILS RÉSERVÉS AUX SOUS-OFFICIERS, à l'usage des militaires de la gendarmerie. — Br. in-32 de 96 pages........................... 50 »
CODE-MANUEL DES RÉQUISITIONS MILITAIRES. Textes officiels annotés et mis à jour par de L..., licencié en droit, et l'intendant militaire A. T... — 3 vol.

Tome Ier. — *Exposé de principes; texte de la loi du 3 juillet 1877 et du règl. du 2 août 1877*, avec notes et commentaires. — Vol. in-32 de 112 pag., broché. » 35
Relié toile .... » 60
Tome II. — *Recensement et réquisition des chevaux et voitures.* — Vol. in-32 de 96 pages, broché.... » 35
Relié toile ,................................... » 60
Tome III. — *Guide pratique des diverses autorités et commissions pour l'application de la loi du 3 juillet 1877.* Formules et modèles. — Vol. in-32 de 96 pages, broché... » 35
Relié toile.................................. » 60
INSTRUCTION DU 21 JUILLET 1886 pour le règlement des dommages causés aux propriétés privées par les manœuvres ou exercices exécutés annuellement par les corps de troupe. — Vol. de 32 pages..................... » 35

Ecoles

MANUEL DU DYNAMITEUR. LA DYNAMITE DE GUERRE ET LE COTON-POUDRE; *leur fabrication, leur conservation, leur transport et leur emploi*, d'après les règlements en vigueur, par le commandant Dumas-Guilin. — Vol. in-18 de 388 pages, avec 48 figures................... 4 »
RÈGLEMENT MINISTÉRIEL DU 24 AVRIL 1888 SUR LES EXAMENS DES CANDIDATS AU BREVET D'ÉTAT-MAJOR......... » 15
SUJETS DES COMPOSITIONS ÉCRITES pour les concours d'admission à l'école supérieure de guerre de 1878 à 1888. Brochure in-8º de 20 pages..................... » 50

INSTRUCTION DU 28 JUIN 1888 POUR L'ADMISSION A L'ECOLE SUPÉRIEURE DE GUERRE EN 1889. — Br. in-18...... » 15

INSTRUCTION POUR L'ADMISSION DANS LES ÉCOLES NATIONALES VÉTÉRINAIRES. — Broch. in-32 de 38 pages ... » 50

INSTRUCTION DU 1er MARS 1889 pour l'admission à l'école du service de santé militaire en 1889. — Brochure in-8o de 20 pages........................ » 25, *franco* » 30

RÈGLEMENT DU 18 AVRIL 1875 POUR LE SERVICE DES ÉCOLES RÉGIMENTAIRES DES CORPS DE TROUPE DE TOUTES ARMES. — Br. in-8o de 39 pages...................... » 50

PROGRAMMES adoptés le 18 avril 1875 pour l'ENSEIGNEMENT DANS LES ÉCOLES RÉGIMENTAIRES DES CORPS DE TROUPE DE TOUTES ARMES. — Vol. in-8o de 28 pages...... » 50

RÈGLEMENT ET PROGRAMME DU 31 JUILLET 1879, POUR L'INFANTERIE....................... 1 25

RÈGLEMENT DU 17 JANVIER 1883 SUR LE SERVICE DES ÉCOLES DANS LA CAVALERIE. — Vol. in-32 de 32 pages.... » 50

DÉCRET DU 4 NOVEMBRE 1886, portant réorganisation et programme pour l'ECOLE D'ARTILLERIE ET DU GÉNIE × » 50

PROGRAMME DES COURS PRÉPARATOIRES PROFESSÉS DANS LES ÉCOLES RÉGIMENTAIRES DE L'ARTILLERIE ET DU TRAIN DES ÉQUIPAGES MILITAIRES (du 7 janvier 1887). — Br. in-8o de 16 pages ×..................... *franco* » 20

RÈGLEMENT DU 1er SEPTEMBRE 1888 SUR LE SERVICE DES ÉCOLES RÉGIMENTAIRES DE L'ARTILLERIE ET DU TRAIN DES ÉQUIPAGES MILITAIRES. — Brochure in-8o de 24 pages....................*franco* » 35

COURS SPÉCIAL A L'USAGE DES SOUS-OFFICIERS D'ARTILLERIE approuvé par le Ministre de la guerre le 20 juillet 1881, nouvelle édition mise à jour jusqu'en 1888. — Volume in-8o de 252 pages ×.................... 3 »

PROGRAMME DES CONNAISSANCES QUE DOIVENT POSSÉDER LES ENGAGÉS CONDITIONNELS D'UN AN A L'EXPIRATION DE LEUR ANNÉE DE SERVICE. (Art. 56 de la loi du 27 juillet 1872). Pour l'infanterie ×.................... » 25

PROGRAMME DES EXAMENS POUR L'ADMISSION A L'ECOLE D'ADMINISTRATION DE VINCENNES. — Br. in-32 de 16 pages ×........................... » 50

Petite géographie de la France a l'usage des écoles et des familles.. 1 25

Alphabet du soldat. — Ouvrage adopté par M. le Ministre de la guerre, pour l'enseignement de la lecture dans les écoles régimentaires de toutes armes; cartonné... » 30

Lectures du soldat, livre de lecture courante à l'usage de l'armée, faisant suite à l'Alphabet du soldat ... 1 »

Lectures militaires a l'usage des écoles régimentaires, par Adam (Adolphe), professeur d'histoire au Prytanée militaire de la Flèche. — Fort vol. in-12 cartonné. 1 50

NOEL ET CHAPSAL. — Nouvelle grammaire française avec nombreux exercices d'orthographe, de syntaxe et de ponctuation, — Vol. in-8º de 220 pages........ 1 50

BESCHERELLE (H.) Jeune. — Dictionnaire classique de la langue française, le plus exact et le plus complet de tous les ouvrages de ce genre, et le seul où l'on trouve la solution de toutes les difficultés grammaticales et généralement de toutes celles inhérentes à la langue française, suivi d'un Dictionnaire géographique, biographique et mythologique. — Fort vol. grand in-8º de 1,308 pages .... 11 »

Le même, richement relié demi-maroquin............ 15 »

LAROUSSE. — Nouveau Dictionnaire de la langue française, comprenant : 1º Une nomenclature très complète de la langue, avec la nouvelle orthographe de l'Académie, les étymologies et les diverses acceptions des mots appuyées d'exemples; 2º Des développements encyclopédiques relatifs aux mots les plus importants des sciences, des lettres et des arts; 3º Un dictionnaire des locutions grecques, latines et étrangères que l'on trouve souvent citées par nos meilleurs écrivains; 4º Un dictionnaire géographique, historique, artistique et littéraire. *Quatre dictionnaires en un seul.* (64º édition, augmentée et illustrée de 1,500 grav.). Prix, cartonné. 2 60

    Par la poste.................................... 3 20

GUÉRARD ET SARDOU. — Dictionnaire de la langue française.............................. *franco* 3 20

Modèles d'écritures en tous genres, carnet complet très soigné.. 1 50

Solutions raisonnées des questions de géométrie proposées dans le cours des écoles régimentaires, à l'usage des sous-officiers candidats à l'Ecole militaire de Saint-Maixent. — Vol. in-18 de 156 pages......... 3 »

Manuel français-italien sur les reconnaissances d'après le programme ministériel du 30 septembre 1874, par Jules Papillon, officier d'Académie, membre fondateur de la Société polytechnique militaire. — Vol. in-32 de 200 pages... 1 50

Guide militaire franco-allemand, à l'usage de l'armée, des écoles militaires, des collèges et des sociétés de gymnastique, par Emile Lebert...................... 1 50

Petit guide français allemand, à l'usage du soldat. — Br. in-32 de 20 pages, couverture parcheminée....... » 20

MINISTÈRE DE LA GUERRE. — Ecoles régimentaires. — Cours préparatoire.

Grammaire et composition française. — Vol. in-18 de 324 pages =.. 2 »

Arithmétique et système métrique. — Vol. in-18 de 230 pages =.. 1 60

Géométrie. — Vol. in-18 de 197 pages avec figures dans le texte =.. 1 60

Topographie. — Vol. in-18 de 182 pages avec figures dans le texte, tableaux et carte =...................... 2 »

Fortification de campagne. — Vol. in-18 de 191 pages, avec figures dans le texte =...................... 2 »

Géographie. — Vol. in-18 de 174 pages, avec 14 cartes =... 3 »

Histoire militaire. — Vol. in-18 de 246 pages, avec 12 cartes =... 4 50

(Les 7 volumes pris ensemble, 13 fr. 50.)

Corps spéciaux

DOUANIERS ET CHASSEURS FORESTIERS

Guide a l'usage des officiers des bataillons de douaniers, par L. Pierre. — Vol. in-32 de 112 pages, relié toile... 1 50

Manuel d'instruction militaire à l'usage des brigadiers, candidats au grade de sous-lieutenant des douanes et des officiers et contrôleurs candidats au grade de sous-inspecteur des douanes, par L. Martin, contrôleur des douanes. — Vol. in-32 de 120 pages, relié toile... 1 50

Correspondance par Signaux et par Pigeons

Règlement du 1er avril 1887 sur l'organisation et le fonctionnement du service des signaleurs dans les corps de troupe d'infanterie ✕................ » 05
Instruction du 16 juin 1885 pour la correspondance par signaux dans les corps de troupe. — Br. in-32 de 64 pages ✕................ » 60
Extrait de l'instruction pour la correspondance par signaux ✕................ » 05
Carnet de dépêches spécial contenant, sous une couverture parcheminée, un bloc de dépêches numérotées de 1 à 48 ✕................ » 75
Correspondances militaires par pigeons voyageurs. Etude faite par le lieutenant-colonel de la Villatte du 5e régiment d'infanterie, officier d'Académie. — Vol. in-8º de 56 pages................ 2 »

Arts académiques

Manuel de gymnastique, approuvé par le Ministre de la guerre le 26 juillet 1877. — Vol. in-32 de 236 pages, avec figures dans le texte et une planche ✕................ 1 25
Manuel d'escrime, approuvé par le Ministre de la guerre le 18 mai 1877. — Vol. in-32 de 128 pages, avec figures dans le texte. — Cartonné ✕................ » 60
Exercices plus particulièrement propres à l'assouplissement. (Extrait de l'instruction du 24 avril 1846). — Vol. in-32 broché ✕................ » 15
Escrime de chambre, méthode pour s'exercer seul à faire des armes, par le commandant E. T. — Br. in-32 de 24 pages................ » 25

Topographie, Cartes, Plans, Instruments, etc.

COURS DE TOPOGRAPHIE, à l'usage des officiers et sous-officiers de toutes armes (armée active, réserve, armée
territoriale), ouvrage rédigé conformément aux programmes officiels du 30 septembre 1874, par A. Laplaiche,
ancien professeur de l'Université. — 2 vol. in-32 (5e édit.:
    Le 1er de 120 pages, orné de 140 figures, broché. » 35
      Relié toile gaufrée......................... ʟ 60
    Le 2e de 128 pages, orné de 66 figures, broché.. » 35
      Relié toile gaufrée......................... » 60
MINISTÈRE DE LA GUERRE. — Ecoles régimentaires,
Cours préparatoire. — TOPOGRAPHIE. — Vol. in-18 de
182 pages, avec figures dans le texte, tableaux et
cartes *.. 2 »
NOTIONS SOMMAIRES SUR L'ÉTUDE ET LA LECTURE DES CAR-
TES TOPOGRAPHIQUES, par le commandant A. H. — Br.
in-8o avec nombreux plans et dessins =......... » 75
ECOLE THÉORIQUE ET PRATIQUE D'ORIENTATION MILITAIRE, à
l'usage des troupes de toutes armes, par A. de Vaucresson, colonel du 13e de ligne. — Vol. in-32 broché. » 25
CARTE DU TONKIN, publiée avec l'autorisation de M. le
Ministre de la marine et des colonies, par M. A. Gouin,
lieutenant de vaisseau. Chromolithographie, format
71/108 cent.. 4 »
CARTE DES ENVIRONS DE LIMOGES au $\frac{1}{20,000}$ format
100 × 80 centimètres.
    En feuille =.. 2 »
    Collée sur toile =................................... 4 »
    —   — et pliée =............................... 5 »
CARTE DES TERRAINS DE MANŒUVRES DE LIMOGES au $\frac{1}{10,000}$
format 50 × 60 centimètres, imprimée en quatre couleurs.

En feuille =.. » 75
Collée sur toile =...................................... 1 50
—   — et pliée =........................... 2 25

NOUVELLE CARTE MILITAIRE DE LA FRANCE, par le commandant Bonetti, donnant, par région de corps d'armée et
par subdivision de région, l'emplacement de toutes les
troupes de l'armée active, y compris les nouveaux régiments, et de l'armée territoriale, les anciennes et nouvelles lignes de chemins de fer, etc. ; belle chromo-lithographie en sept couleurs, avec répertoire et tableaux y
annexés, honorée d'un prix du Ministre et couronnée
par la Société nationale d'instruction et d'éducation
populaires (médaille d'honneur). — Une feuille format
grand colombier (10e édition) =.................. 2 »
GRAPHIQUES DE MARCHE. — Papier quadrillé bleu à 2mm,
format 30 × 40 centimètres, avec traits renforcés dans
les deux sens pour indiquer les heures et les distances ;
la feuille ×... » 08
RAPPORT DE RECONNAISSANCE, modèle A ; conforme au
modèle donné à l'instruction pratique sur le service en
campagne ; no 72, infanterie, et no 70, cavalerie ; le
cent ×... 2 »
ENVELOPPES pour lesdits rapports, le cent ×......... 2 50
CARNET DE MANŒUVRES, solidement relié, avec poche, deux
coulissseaux, crayons rouge et bleu, fermant avec
caoutchouc soie, contenant un bloc de 100 rapports de
reconnaissance et 25 enveloppes à leur usage. × 5 »
BLOC DE 100 RAPPORTS DE RECONNAISSANCE, modèle A,
pour remplacement dans le carnet ci-dessus. *Le dos est
préparé pour le collage. Il suffit de l'humecter et de
l'appliquer* ×.. 2 50
PAPIER BLEU A DÉCALQUER INDÉFINIMENT, permettant de
reproduire simultanément plusieurs copies du même
travail. (*Pour obtenir ce résultat, il suffit d'intercaler
une feuille de ce papier entre deux feuillets blancs, écrire
sur le premier de ces feuillets, et l'on obtient une copie ;
deux feuilles bleues intercalées reproduisent deux copies,
trois feuilles intercalées en donnent trois, plus l'origi-
nal*). — La feuille format 0,16 × 0,21 =.......... » 08

RAPPORT JOURNALIER (manœuvres de brigade avec cadres, 12 février 1879) ✕ .... » 06
ALIDADE (double décimètre) triangulaire ; l'une —.... » 50
BOUSSOLE DÉCLINATOIRE, 0m,07 de côté ; l'une —..... 1 25
BOUSSOLE DÉCLINATOIRE, 0m,07 de côté ; à suspension — 1 60
La même avec boulons pour carton-planche —........ 2 »
BOUSSOLE FORME MONTRE, cuivre et melchior, 30mm. — 1 »
La même avec arrêt, 35 millimètres —................. 1 55
La même avec arrêt et chape agate, 40 millimètres —. 2 50
CRAYONS DE COULEUR MINE BLEUE, qual. sup. H. C.-L.. — » 20
— — — ROUGE, — — — » 20
— — — BISTRE, — — — » 20
— — — VERTE, — — — » 20
CURVIMÈTRE breveté s. g. d. g. — Instrument de poche destiné à mesurer les lignes droite, courbes ou brisées sur les plans et cartes géographiques ; indispensable aux officiers, ingénieurs, architectes et géomètres. — Prix —.................................... 1 50
CURVIMÈTRE A CADRAN servant à mesurer instantanément et sans report à l'échelle les distances sur les cartes géographiques et les plans quelles que soient leurs échelles. Prix avec étui —............................. 7 50
PODOMÈTRE, 16 lignes, boîte métal nickelé à fond, mouvement cuivre à deux aiguilles, cadran émail à zone couleur, marche garantie —................ *franco* 16 »
POCHE A CARTES en taffetas transparent et imperméable, à faces quadrillées.

(L'une des faces est divisée en centimètres et en demi-centimètres, l'autre en carrés renforcés ayant 0,0125 de côté et chacun de ces côtés en quatre parties égales ; cette disposition permet de calculer les distances sans le secours du compas ni d'aucun autre instrument sur une carte d'échelle quelconque, depuis le 1/1,000 jusqu'au 1/1,000,000, y compris, par conséquent, les échelles les plus usuelles de 1/20,000, 1/40,000, 1/80,000, 1/320,000, 1/50,000, 1/100,000, 1/500,000.)

Modèle de la maison H. Charles-Lavauzelle —.. 1 50

POCHE EN ÉTOFFE TRANSPARENTE, permettant de lire les cartes sur le terrain sans qu'elles puissent être détériorées par la pluie (modèle de l'Ecole de guerre), l'une —.................................... 1 50

Sciences et Art militaires

F. ROBERT, ancien professeur à l'Ecole supérieure de guerre, chef d'état-major de la 6e division d'infanterie :

1re partie, TACTIQUE DE COMBAT DES GRANDES UNITÉS. Vol. in-8º de 160 pages avec six planches en chromo-lithographie, hors texte (1885)..................... 4 »

2e partie, TACTIQUE APPLIQUÉE. — Vol. de 216 pages avec 6 planches hors texte en chromo-lithographie (1887)..................................... 4 »

THÉORIES DU GÉNÉRAL DRAGOMIROFF (extrait de la *Revue d'Infanterie*). — Vol. in-8º de 60 pages............ 2 »

LA GUERRE DE SURPRISES ET D'EMBUSCADES, par A. Quinteau. — 2 beaux vol. grand in-8º d'environ 800 pages, brochés................................... 12 »

TRAITÉ DE TACTIQUE EXPÉRIMENTALE, par H. Bernard, colonel du 144e d'infanterie.

Tome I, de 541 avant J.-C. à 1796. — Fort vol. grand in-8º...................................... 7 50

Tome II, de 1797 à 1805. — Fort vol. grand in-8º   7 50

Tome III, de 1806 à 1812.   —   —   7 50

Tome IV, de 1813 à 1814.   —   —   7 50

Tome V, de 1815 à 1854.   —   —   7 50

Tome VI, de 1855 à 1859.   —   —   7 50

LA STRATÉGIE APPLIQUÉE, avec cartes et plans, par le colonel Fix (H.-C.), commandant le 6e régiment d'infanterie belge. — 2 forts vol., grand in-8º de 500 pages.. 15 »

GUIDE PRATIQUE POUR LA GUERRE EN AFRIQUE, à l'usage des officiers et des sous-officiers, par le commandant Dumont, du 92e. — Br. in-18 de 96 pages.................. 1 25

RÈGLEMENTS SUR LES EXERCICES ET ÉVOLUTIONS DES TROUPES A PIED EN ITALIE, EN AUTRICHE ET EN ALLEMAGNE, traduits, résumés et annotés par A. de Vaucresson, colonel du 13e de ligne : *Préliminaires. — Bases de l'instruction. — Ecole du soldat. — Armes à feu portatives. — Ecole de peloton. — Méthode d'instruction. — Exercices et exemples de combat.* — Vol. in-18 de 450 pages, cartonné..,................................... 2 25

DISCIPLINE DU FEU DANS LE RÈGLEMENT AUTRICHIEN SUR LES MANŒUVRES DE L'INFANTERIE. — Br. in-18........ » 60
UN TÉLÉMÈTRE, théorie, construction et emploi d'un appareil simple, pratique et peu coûteux (extrait de la *Revue d'Infanterie*)................................ *franco* » 50

Hygiène et service médical

MANUEL DU SERVICE DES HÔPITAUX, à l'usage des officiers d'administration et des candidats à ce grade, par S. Poulard, professeur à l'Ecole d'administration de Vincennes, licencié en droit. — Vol. in-8º de 306 pages.. 6 »
A NOS SOLDATS, *premiers secours à porter aux blessés*, par le docteur A. Tissot, de la faculté de médecine de Paris. — Vol. in-32 de 210 pages. Relié toile............ 1 50
MÉDECINE ET MÉDECINS MILITAIRES DE L'ARMÉE FRANÇAISE EN 1888, par le docteur Chassagne. — Vol. in-8º de 64 pages.. 1 50
DE L'INSOLATION, conseils pratiques pour la prévenir sur les troupes en marche. — Br. in-32 (2e édition)..... » 25
COURS ÉLÉMENTAIRE D'HYGIÈNE MILITAIRE ET DE SECOURS SANITAIRES D'IMPROVISATION par MM. Dammien, médecin-major de 1re classe au 12e d'infanterie, et Trumelet, colonel au même régiment. (2e édition). — Br. in-8º de 112 pages... » 75
CHARGEMENT DES VOITURES DE CHIRURGIE avec deux planches représentant ses côtés droit et gauche. — Décision ministérielle du 20 juin 1881. — Br. in-8º de 48 pages =... » 30
NOTE DU 22 MARS 1889, relative à l'installation des appareils de suspension des brancards à deux étages dans les trains sanitaires improvisés................... » 10
NOTE MINISTÉRIELLE DU 17 AVRIL 1889, relative aux médicaments et au matériel que les corps de troupe sont autorisés à tirer des établissements du service de santé pour l'approvisionnement des infirmeries régimentaires. — Br. in-8º................... *franco* » 40

Hippologie, etc.

INSTRUCTION SPÉCIALE SUR L'HYGIÈNE DES CHEVAUX. — Br.
   in-8º.. » 25
COURS ABRÉGÉ D'HIPPOLOGIE à l'usage des sous-officiers,
   etc., des corps de troupes à cheval, rédigé par les soins
   de la commission d'hygiène hippique, approuvé par le
   Ministre de la guerre le 2 avril 1875. — V. in-18. ✕ 1 50
ÉTUDES HIPPIQUES, par le capitaine Bellard, du 13ᵉ régiment
   de chasseurs. — Br. in-8º de 200 pages.......... 2 »
QUESTION HIPPIQUES, par le capitaine BELLARD. — Vol. in-8º
   de 216 pages................................... 4 »
MANUEL DE MARÉCHALERIE à l'usage des maréchaux ferrants
   de l'armée, approuvé par le Ministre de la guerre le
   12 décembre 1875. — Vol. in-32 de 212 pages, cartonné ✕..................................... 1 25
NOTE MINISTÉRIELLE DU 17 AVRIL 1889 relative aux cessions
   à charge de remboursement à faire par les établissements du service de santé aux corps de troupe pour
   les infirmeries vétérinaires............... *franco* » 25

Historiques des corps de troupe

M. Henri Charles-Lavauzelle se met à la disposition de tous les chefs de
corps pour publier l'historique de leur régiment dans la série de la *Petite
Bibliothèque de l'Armée française.*

HISTORIQUE DU 2ᵉ RÉGIMENT D'INFANTERIE. — Vol. in-32 de
   128 pages (2ᵉ édition). — Broché............. » 35
   Richement relié toile........................ » 60
HISTORIQUE DU 25ᵉ DE LIGNE. — Vol. in-32 de 128 pages
   broché....................................... » 35
   Richement relié toile........................ » 60
HISTORIQUE DU 30ᵉ DE LIGNE. — Vol. in-32 de 128 pages,
   broché....................................... » 35
   Richement relié toile........................ » 60
HISTORIQUE DU 31ᵉ DE LIGNE. — Vol. in-32 de 64 pages,
   broché....................................... » 35
   Richement relié toile........................ » 60

HISTORIQUE DU 35ᵉ DE LIGNE. — Vol. in-32 de 112 pages,
broché... » 35
    Richement relié toile................................ » 60
HISTORIQUE DU 56ᵉ DE LIGNE (2ᵉ édition). — Vol. in-32 de
120 pages, broché...................................... » 35
    Richement relié toile................................ » 60
HISTORIQUE DU 62ᵉ DE LIGNE (2ᵉ édition). — Vol. in-32 de
96 pages, broché...................................... » 35
    Richement relié toile................................ » 60
HISTORIQUE DU 64ᵉ DE LIGNE, rédigé d'après les ordres du
colonel Deaddé, commandant le régiment. — Vol. in-32
de 64 pages, broché.................................... » 35
    Richement relié toile................................ » 60
HISTORIQUE DU 65ᵉ DE LIGNE, extrait du registre des marches
et opérations du régiment. — Vol. in-32 de 128 pages,
broché... » 35
    Richement relié toile................................ » 60
HISTORIQUE DU 67ᵉ DE LIGNE, par de Rocca-Serra, capitaine
adjudant-major au 67ᵉ de ligne. — Vol. in-32 de 40 pages,
broché... » 35
    Richement relié toile anglaise....................... » 60
HISTORIQUE DU 69ᵉ DE LIGNE. — Vol. in-32 de 128 pages,
broché... » 35
    Richement relié toile................................ » 60
HISTORIQUE DU 71ᵉ DE LIGNE, rédigé d'après les ordres du
colonel Lachau, par le capitaine adjudant-major Le Grand.
— Vol. in-32 de 72 pages, broché...................... » 35
    Richement relié toile................................ » 60
HISTORIQUE DU 72ᵉ DE LIGNE. — Vol. in-32 de 128 pag., br. » 35
    Richement relié toile................................ » 60
HISTORIQUE DU 85ᵉ DE LIGNE. — Vol. in-32 de 64 pag.,
broché... » 35
    Relié toile anglaise................................. » 60
HISTORIQUE DU 86ᵉ DE LIGNE. — Vol. in-32 de 96 pages,
broché... » 35
    Richement relié toile................................ » 60
HISTORIQUE DU 92ᵉ DE LIGNE, rédigé par le lieutenant Réthoré,
sous les auspices de M. le colonel Paquette. — Vol. in-32
de 96 pages, broché................................... » 35

Richement relié toile...................................... » 60
HISTORIQUE DU 94e DE LIGNE. — Vol. in-32 de 128 pages,
    broché... » 35
    Richement relié toile.................................. » 60
HISTORIQUE DU 138e DE LIGNE. — Vol. in-32 de 64 p... » 35
    Relié toile anglaise .... » 60
HISTORIQUE DU 1er BATAILLON DE CHASSEURS A PIED.
    — Vol. in-32 de 56 pages............................ » 35
    Richement relié toile.................................. » 60
    Le même relié toile.................................... 1 75
HISTORIQUE DU 7e BATAILLON DE CHASSEURS A PIED. — 2 vol.
    in-32, brochés... » 70
    Reliés toile... 1 20
HISTORIQUE DU 10e BATAILLON DE CHASSEURS A PIED. — Vol.
    in-32 de 80 pages, broché........................... » 35
    Richement relié toile.................................. » 60
HISTORIQUE DU 3e ZOUAVES, rédigé d'après les instructions de
    M. le colonel Lucas, par le lieutenant Duroy, broché. » 35
HISTORIQUE DE 3e RÉGIMENT DU GÉNIE, publié avec autorisa-
    tion du Ministre de la guerre (2e édition). — 3 vol.
    brochés.. 1 05
    Richement reliés toile................................. 1 80
HISTORIQUE DU 1er RÉGIMENT DE SPAHIS. — Vol. de 96 pages,
    broché.. » 35
    Richement relié toile.................................. » 60
ESQUISSE HISTORIQUE DE LA GENDARMÉRIE FRANÇAISE, par
    H. Delattre. — Belle br. in-18 de 88 pages........ 2 »
HISTORIQUE DU 3e RÉGIMENT DE ZOUAVES, rédigé par le lieu-
    tenant A. Marjoulet, d'après les ordres du colonel Lu-
    cas, commandant le régiment. — Beau vol. in-8o raisin
    de 328 pages (2e édition) .... 6 »
HISTORIQUE DU 92e DE LIGNE. — Magnifique volume de 400
    pages, avec 20 gravures coloriées hors texte..... 20 »
HISTORIQUE DU 104e RÉGIMENT D'INFANTERIE, rédigé d'après les
    documents du ministère de la guerre, par Joseph Per-
    reau, lieutenant au 104e régiment. — Vol. in-8o de
    158 pages... 3 »
ÉTUDE SUR L'HISTORIQUE DES CHASSEURS A PIED (Extrait de
    la Revue d'infanterie). — Br. in-8o de 68 pages.. 1 25

HISTORIQUE DU 95e RÉGIMENT TERRITORIAL D'INFANTERIE, par
Charles Prévot, lieutenant au corps. — Volume in-8º de
196 pages... 3 »

Histoire militaire

LA VÉRITÉ SUR LA CAMPAGNE DE 1815. — Vol. in-8º de 84
pages.. 2 »
HISTOIRE MILITAIRE DE LA FRANCE, de 1643 à 1871, par Emile
Simond, lieutenant au 28e de ligne. — 2 vol. bro-
chés .... » 70
    Richement reliés toile............................... 1 20
PRÉCIS D'HISTOIRE MILITAIRE, rédigé d'après les programmes
officiels à l'usage des candidats aux écoles militaires et
de MM. les officiers, par Vermeil de Conchard, capitaine d'infanterie breveté, ex-professeur à l'Ecole mili-
taire d'infanterie. — Vol. in-18 de 208 pages...... 3 »
NOTES SUR LA CAMPAGNE DU 3e BATAILLON DE LA LÉGION
ÉTRANGÈRE AU TONKIN. — Vol. in-8º de 64 pages... 1 »
JOURNAL DU SIÈGE DE TUYEN-QUAN (23 novembre 1884-3 mars
1885). — Vol. in-32 de 102 pages, broché.......... » 35
    Richement relié toile .... » 60
SIÈGE DE MILIANAH, ses ravitaillements (extrait de la *Revue
d'Infanterie*). — Vol. in-8º de 36 pages........... 2 »
HISTOIRE DE LA PARTICIPATION DES BELGES AUX CAMPAGNES
DES INDES ORIENTALES NÉERLANDAISES SOUS LE GOUVER-
NEMENT DES PAYS-BAS, 1815-1830, par Eugène Cruyplants,
capitaine aide de camp du commandant de la garde
civique de Gand, officier de l'ordre de Takovo de Serbie,
— Br. grand in-8º de 402 pages, avec trois cartes et un
portrait du général Lahure .... 5 »
RELATION DE L'INSURRECTION DES TROUPES ESPAGNOLES
DÉTACHÉES DANS L'ILE DE SÉELAND, sous les ordres
du général Fririon, en 1808, avec les pièces justificatives
destinées à compléter la relation, par E. Fririon, capitaine au 8e de ligne, chevalier de la Légion d'honneur.
— Vol. in-8º .... 2 »
CAMPAGNE DU NORD EN 1870-1871. *Histoire de la défense
nationale dans le nord de la France*, par Pierre Lehaut-

court. — Vol. grand in-8º de 300 pages, avec 6 cartes
  gravées sur acier .... 6 »
LES MÉTHODES STRATÉGIQUES DES ALLEMANDS EN 1870. —
  Br. in-18 de 36 pages.................................... 1 »
EXACTE VÉRITÉ SUR LA TROUÉE TENTÉE A BALAN, LE 1er SEP-
  TEMBRE 1870 (Bataille de Sedan), par Grand-Didier
  capitaine au 34e de ligne, en retraite. — Br. in-8º de
  de 32 pages... » 75
SEDAN. — LES DERNIERS COUPS DE FEU. (3e bataillon du
  3e régiment de marche).................................. 1 »
ÉTUDE MILITAIRE SUR L'ÉGYPTE, *campagne des Anglais en* 1882
  (2e édition). — Br. in-32 de 32 pages sur fort papier velin,
  broché... » 35
    Richement relié toile .... » 60
LE SOUDAN, GORDON ET LE MADHI, par le commandant
  Heumann, O. ☩. — Vol. de 96 pages, avec 2 cartes et 4
  plans broché... » 35
    Richement relié en toile anglaise.................... » 60
L'ÉDUCATION ET LA DISCIPLINE MILITAIRES CHEZ LES ANCIENS,
  par Marcel Poullin. — Vol. in-32 de 144 pages; broché.. » 35
    Richement relié toile .... » 60
GUERRE DU SOUDAN (LE MADHI), avec carte du théâtre de la
  guerre, par A. Garçon, professeur à l'Association polytechnique. — Br. in-32 (publication de la Réunion des
  officiers)... » 60
PRÉCIS DE LA GUERRE DU PACIFIQUE (*entre le Chili d'une part,
  le Pérou et la Bolivie de l'autre*). — Vol. in-32 de 72 pages, suivi d'une carte planimétrique de la côte du Pacifique et d'un plan des principales batailles, broché » 35
    Richement relié en toile anglaise.................... » 60

Géographie — Voyages

LA TUNISIE FRANÇAISE, par P. Tournois, lieutenant d'infanterie de marine. — Vol. in-8º de 84 pages........ 2 »
D'AIN-SEFRA A TOMBOUCTOU PAR LE GOURARA ET LE TOUAT,
  par Vallette, capitaine au 3e tirailleurs algériens. —
  Vol. in-8º de 32 pages avec une carte............. 1 25

Du Rhône au Pô et vice-versa. — Etude militaire. — Vol. in-8º de 144 pages...................................... 2 »

Précis de géographie militaire, rédigé d'après les programmes officiels à l'usage des candidats aux écoles militaires et de MM. les officiers, par Vermeil de Conchard, capitaine d'infanterie breveté, ex-professeur à l'Ecole militaire d'infanterie. — Vol. in-18 de 224 p... 3 »

Petite géographie de la France a l'usage des écoles et des familles................................. 1 25

Algérie et Tunisie, esquisse géographique, par A. Laplaiche, inspecteur spécial de la police des chemins de de fer, membre et lauréat de plusieurs sociétés savantes ancien professeur de l'Université. — Vol. in-18 de 106 pages...................................... 2 »

MINISTÈRE DE LA GUERRE. — Ecoles régimentaires. — Cours préparatoire. — Géographie. — Vol. in-18 de 175 pages avec 14 cartes.......................... 3 »

GINDRE DE MANCY. — Dictionnaire des communes de la France, de l'Algérie et des autres colonies françaises, précédé de tableaux synoptiques. — Vol. in-18 de 800 pages, richement relié toile.................. 5 »

Les Hautes-Pyrénées, étude historique et géographique du département depuis les temps les plus reculés jusqu'à nos jours, avec une description des principales villes : Tarbes, Bagnères-de-Bigorre, Lourdes, etc. ; par MM. Bois, capitaine au 76e d'infanterie, et C. Durier, archiviste du département des Hautes-Pyrénées. — Vol. in-8º de 220 pages...................................... 3 50

Armées étrangères

Armées étrangères contemporaines : Europe, Asie, Afrique, Amérique, Océanie, par A. Garçon, 2 vol. in-32 de 98 pages l'un, brochés................................ » 70
   Richement reliés toile............................... 1 20

L'Armée portugaise. par A. Garçon. — Vol. de 108 pages, broché.. » 35

L'Armée allemande, son histoire, son organisation actuelle. — Vol. in-32 de 128 pages (4e édition), broché... » 35
   Richement relié toile............................... » 60

L'Armée suisse, son histoire, son organisation actuelle, par
    Heumann, O ✠, capitaine instructeur à l'Ecole de Saint-
    Cyr. — Vol. in-32 de 136 pages, broché.......... » 35
        Richement relié toile........................... » 60
L'Armée russe : organisation générale ; le règlement d'in-
    fanterie ; le service en campagne ; instruction sur les
    travaux de campagne. — Tome 1er, vol. de 96 pages,
    orné de figures (2e édition) broché............... » 35
        Richement relié toile........................... » 60
L'Armée belge, composition, recrutement, mobilisation,
    écoles militaires, institut cartographique, armement,
    manufacture d'armes de Liège, régime intérieur, ali-
    mentation, uniformes, système défensif. — Vol. in-32 de
    96 pages, broché.................................. » 35
        Richement relié toile........................... » 60
L'Armée anglaise, son histoire, son organisation actuelle,
    par A. Garçon. — Vol. in-32 de 128 pages, broché. » 35
        Richement relié toile........................... » 60
La Marine anglaise, histoire, composition, organisation
    actuelle, par A. Garcon. — Vol. in-32 de 96 pages, bro-
    ché... » 35
        Richement relié toile........................... » 60
L'Armée italienne, son organisation actuelle, sa mobilisa-
    tion. — Vol. in-32 de 128 pages, broché.......... » 35
        Richement relié toile........................... » 60
L'Armée ottomane contemporaine, par Ch. Lebrun-
    Renaud. — Vol in-32 de 88 pages, broché........ » 35
        Richement relié toile........................... » 60
L'Armée des Pays-bas, notices militaires et géographiques.
    (Publication de la Réunion des officiers.) — 2 vol. bro-
    chés.. » 70
        Richement reliés toile......................... 1 20
L'Armée suédoise, par le capitaine R. R***. — Vol. de 62
    pages, broché.................................... » 35
        Richement relié toile .... » 60
Exposé sommaire de l'organisation militaire et de la
    situation financière des divers Etats de l'Europe,
    au 31 décembre 1883, par P. Chalier de Grandchamps.
    — Br. in-32 de 52 pages......................... » 60

Emplois civils — Enfants de troupe

INSTRUCTION SUR LES EMPLOIS CIVILS RÉSERVÉS AUX SOUS-OFFICIERS, à l'usage des militaires de la gendarmerie. — Br. in-32 de 96 pages......................... » 50

INSTRUCTION DU 12 AVRIL 1888 POUR LES CONDITIONS D'ADMISSION DES ENFANTS DE TROUPE. — Br. in-8º de 64 pages.......................... » 60

INSTRUCTION DU 17 MARS 1888, SUR LES EMPLOIS CIVILS ET MILITAIRES attribués aux sous-officiers rengagés et commissionnés......................... » 40
Br. in-8º de 36 pages..................*franco* ».45

14e LISTE DES SOUS-OFFICIERS CANDIDATS A DES EMPLOIS CIVILS ET MILITAIRES, classés le 28 février 1887 par la commission instituée en vertu de l'article 8 de la loi du 24 juillet 1873. — Br. in-8º de 40 pages........... » 50

GUIDE DES CANDIDATS A L'EMPLOI DE COMMISSAIRE DE SURVEILLANCE ADMINISTRATIVE DES CHEMINS DE FER, conforme aux derniers règlements officiels. — Br. in-32 de 16 pages =......................... » 50

GUIDE DES CANDIDATS AUX EMPLOIS DE COMMISSAIRE DE POLICE ET D'INSPECTEUR SPÉCIAL DE LA POLICE DES CHEMINS DE FER, conforme aux dernières instructions ministérielles. — Br. in-32 de 16 pages =.......... » 50

MANUEL DU CANDIDAT A L'EMPLOI DE COMMISSAIRE DE SURVEILLANCE ADMINISTRATIVE DES CHEMINS DE FER, par A. Laplaiche (3e édition). — Vol. in-12, avec 63 figures dans le texte, broché......................... 8 50
Relié en percaline......................... 9 »

RECUEIL COMPLET, avec notes et commentaires, des LOIS, DÉCRETS, CIRCULAIRES, DÉCISIONS ET INSTRUCTIONS MINISTÉRIELLES EN VIGUEUR, établissant les droits des SOUS-OFFICIERS EN MATIÈRE DE RENGAGEMENT ET MARIAGE, RETRAITE ET ADMISSION AUX EMPLOIS CIVILS. — 2 vol. in-32.
Brochés......................... » 70
Richement reliés en toile anglaise............. 1 20

Littérature

BOURSE PLATE, par Joseph Maire. — Vol. in-18 de 364 p.   3 50
MADAME LA PRÉFÈTE, par Joseph Maire, volume in-18 de
   236 pages =................................   3 »
L'ÉCUYER MAGNÉTISEUR, par E. T. — Vol. in-18 de 352 pa-
   ges =..................................   3 »
LA FILLE DU LIEUTENANT, traduit de l'anglais par G. Her-
   bignac. — Vol. in-18 de 430 pages =............   3 50
PÉCHÉS D'ÉCOLE. *Carnet d'un artilleur,* par Etoupille. —
   Vol. in-18 de 226 pages =......................   3 50
CONTES D'AMOUR ET DE BIVOUAC, par Ch. de Bys. — Vol.
   in-18 jésus de 276 pages, luxueusement imprimé avec
   10 gravures hors texte =.......................   3 50
PÉCHÉS DE GARNISON, par E. T..., joli vol. in-18 de 304 pa-
   ges, luxueusement imprimé =....................   3 »
NOUVEAUX PÉCHÉS, par E. T... — Vol. in-18 de 350 pages.
   luxueusement imprimé =........................   3 50
SOUVENIRS DE SAINT-MAIXENT, par Ch. des Ecorres. —
   Volume in-18 de 256 pages, avec de nombreuses gravures
   dans le texte =...............................   3 50
SOUVENIRS DE SAINT-CYR, 1re année (Esquisses de la vie
   militaire en France). — Joli vol. in-18 de 252 pages, ri-
   chement imprimé sur papier de luxe (11e édit.)=.   3 »
SOUVENIRS DE SAINT-CYR (2e année), par le même. — Joli
   vol. in-18 de 288 pages, avec de magnifiques gravures
   dans le texte =...............................   3 50
LES SAINT-CYRIENNES, poésies, par Fernand Bernard, avec
   de splendides gravures dans le texte et hors texte. —
   Vol. in-18 de 216 pages =......................   3 50
MI AIME A VOUS. — DANS LE MIDI. — SOUS LES HORTENSIAS.
   — FANFRELUCHE ET BEAUCOUSET. — Vol. in-18 de 292
   pages =......................................   3 50
LA LANGUE VERTE DU TROUPIER, belle br. in-18 de 92 pages,
   avec préface de M. Raoul Bonnery, membre de la So-
   ciété des Gens de lettres (2e édition) =.........   2 »
STANCES D'UN VOLONTAIRE, par Paul de Tournefort. —
   Poésies patriotiques en une charmante br. in-8o de 36
   pages, imprimée avec luxe, honorée d'une souscription
   du ministère de la guerre (3e édition) =.........   1 »

Qui vive? France! Poésie patriotique, plaquette in-8º. · » 20
Reischoffen, poésie ayant obtenu au concours littéraire du
    Centre le 1er prix par M. le Président de la République.
    — Br in-8º de 16 pages........................ » 50
Les Fredons, poésies par Alexandre Vallet. — Vol. de 136
    pages.. 3 »
Fraternité, par L. des Bouffioles. — Roman philosophique,
    social et militaire ; la Famille, la Patrie française, la
    guerre contre l'Allemagne, *Sursum corda!* — Couronné par
    la Société d'encouragement au bien. — Vol. in-18.   2 50
Aventures de trois canonniers, recueillies par un qua-
    trième, par P. Noël. — Vol. in-18 de 338 pages...   3 ·»
Ntimités (sourires et larmes), poésies par F.-J. Mons,
    officier d'administration. — Vol. velin teinté, caractères
    antiques et vignettes tête de chapitre............ 2 »

DIVERS

L'Espagne et l'armée espagnole (extrait de la *Revue
    d'Infanterie*). — Br. in-8º de 16 pages............ » 50
Les compagnies mixtes en afrique (extrait de la *Revue
    d'Infanterie*). — Vol. in-8º de 60 pages.......... 1 50
Les longs parcours a cheval (extrait de la *Revue d'Infan-
    terie*). — Brochure in-8º de 52 pages............. 1 25
La guerre, l'Europe et les coalitions. — Brochure in-8º
    de 72 pages.. 1 25
Manuel du dynamiteur. — La dynamite de guerre et le
    coton-poudre. *Leur fabrication, leur conservation, leur
    transport et leur emploi,* d'après les règlements en vi-
    gueur, par le commandant Dumas Guilin. — Vol. in-18
    de 388 pages avec 48 figures...................... 4 »
Les forts et la mélinite. — Br. in-18 de 64 pages.. 1 25
Règlement du 1er septembre 1888, sur les manœuvres
    de l'infanterie (Allemagne). — Vol. in-32 de 160 pa-
    ges, relié toile anglaise. .... 2 »
Règlement du 23 mai 1887, sur le service des armées
    allemandes en campagne. — Vol. in-32 de 230 pages.
    Relié toile....................................... 2 50
Règlement du 12 février 1887 sur le tir de l'infanterie

allemande. — Volume in-32 de 190 pages, avec figures et 1 planche 2 50

EXTRAIT DE L'INSTRUCTION GÉNÉRALE SUR LE SERVICE DES POSTES, avec des notes et commentaires, par Roger Barbaud, inspecteur des Postes et Télégraphes. — Vol. in-32 de 312 pages .... 2 »

MANUEL DES CANDIDATS AU SURNUMÉRARIAT DES POSTES ET TÉLÉGRAPHES, par Roger Barbaud, inspecteur des Postes et Télégraphes, payeur de la 23e division d'infanterie. — Vol. in-32 de 320 pages .... 2 »

VADE-MECUM DU VAGUEMESTRE, par Roger Barbaud, inspecteur des Postes et Télégraphes, payeur de la 23e division d'infanterie. — Vol. in-32 de 312 pages... 2 »

LA LIBERTÉ DU MARIAGE DES OFFICIERS, par H. Marchant. — Br. in-8o de 24 pages .... 1 »

NOTES MILITAIRES. — Du commandement et du corps d'officiers. — Vol. in-8o de 28 pages .... 1 »

LA PROCHAINE GUERRE FRANCO-ALLEMANDE, reponse au colonel Kœttschau, par un Zouave en activité de service. — Vol. in-8o de 48 pages .... 1 »

L'ARMÉE FRANÇAISE EN 1887, par le général T... — Vol. in-18 jésus de 204 pages .... 3 »

L'INFANTERIE FRANÇAISE EN 1887 (extrait de la *Revue d'Infanterie*). — Br. in-8o de 36 pages .... 1 »

LE 12e CORPS D'ARMÉE ET LES MANŒUVRES DE 1886, par M. Ardouin-Dumazet. — Vol. in-8o de 308 pages. 3 50

LES MANŒUVRES D'AUTOMNE. Ce qu'elles sont; ce qu'elles devraient être (extrait de la *Revue d'Infanterie*). — Vol. in-8o de 64 pages .... 2 »

PROJET DE LOI ORGANIQUE MILITAIRE, présenté au nom de M. Jules Grévy, président de la République française, par M. le général Boulanger, Ministre de la guerre. — Br. in-8o de 200 pages avec de nombreux tableaux dans le texte = ... 2 »

AGENDA DE L'ARMÉE FRANÇAISE POUR 1889, carnet de poche recouvert en cuir de Cordoue; véritable *vade-mecum* des militres de tous corps et de toutes armes = ... 2 50

LA VIE MILITAIRE (extrait de la *Revue d'infanterie*). — Br. de 20 pages .... » 60

NOTES SUR L'ÉDUCATION DES RECRUES. — Brochure in-8° d
    24 pages.. » 6

JEANNE D'ARC ET L'ARMÉE FRANÇAISE. — Brochure in-8° d
    12 pages.. » 6

DROITS ET OBLIGATIONS MILITAIRES DES OFFICIERS DE RÉ
    SERVE ET DE L'ARMÉE TERRITORIALE. — Vol. in-32 de 36
    pages. Richement relié en toile anglaise =....... 5

L'ARMÉE ET LA PLOUTOCRATIE, par le capitaine Nemo. Ré
    ponse à l'article de la *Revue des deux Mondes*, intitul
    l'*Armée et la Démocratie*. — Br. in-8°............. 1

LA FRANCE EST PRÊTE ! en réponse à l'ouvrage : *Pourquo
    la France n'est pas prête ?* (édition de 1887). Br. in-8°. 2

Les Batailles imaginaires. — LA BATAILLE DE LONDRES E
    188..., par A. Garçon. — Br. in-8° de 48 pages.... 1 2

Les Batailles imaginaires. — LE COMBAT NAVAL DE PORT
    SAÏD EN 1886, entre les flottes alliées de France et d
    Turquie contre celles d'Angleterre, par A. Garçon. —
    Br. in-8° de 128 pages.................................. 2 5

LE MARÉCHAL DAVOUT, DUC D'AUERSTAEDT ET PRINCE D'ECK
    MUL (1770-1823), par Marcel Poullin. — Br. de 4
    pages.. 1

LES SOUS-OFFICIERS DANS L'AVENIR ou *la question des sous-o*
    ficiers. — Br. in-8° de 34 pages..................... » 6

NOUVEAUX CODES FRANÇAIS ET LOIS USUELLES CIVILES E
    MILITAIRES. Recueil spécialement destiné à la gendar
    merie et à l'armée, édition de 1889. Vol. de 1,136 pages
    Relié toile anglaise.................................... 5

ARCHÉOLOGIE TUNISIENNE ; *épigraphie des environs du Kef*
    inscriptions recueillies en 1882-1883, par Espérandieu
    lieutenant au 17ᵉ régiment d'infanterie. — Vol. in-8° ave
    20 cartes, plans ou croquis............................ 2 5

DE L'APPLICATION AU SERVICE EN CAMPAGNE D'UNE NACELL
    RÉGIMENTAIRE. — Br. in-32 avec gravures dans le texte
    (Bibliothèque de la *France militaire*) =.......... » 5

HISTOIRE ANECDOTIQUE DES ANIMAUX A LA GUERRE, pa
    Ludovic Jablonski, officier d'administration des hôpi
    taux. — Vol. in-12 de 204 pages...................... 2 5

CORRESPONDANCES MILITAIRES PAR PIGEONS VOYAGEURS
    Etude faite par le lieutenant-colonel de la Villate, d

5e régiment d'infanterie, officier d'Académie. — Vol. in-8o de 56 pages.. 2 »

ALMANACH DE L'ARMÉE FRANÇAISE EN 1889. — Vol in-32 de 216 pages.. » 60

CODE DES SIGNAUX SUR LES CHEMINS DE FER FRANÇAIS, d'après l'arrêté ministériel du 15 novembre 1885. — Br. in-18 avec figures.................................... » 50

L'EDUCATION MILITAIRE A L'ÉCOLE, par A. Garçon, professeur à l'Association polytechnique, membre et lauréat de plusieurs sociétés savantes. — Br. in-32 de 40 pages. » 50

PORTRAIT DU GÉNÉRAL BOULANGER, 525mm × 325mm.. 5 »

PORTRAIT ÉQUESTRE DU GÉNÉRAL DE GALLIFET, format : 525mm × 325mm................................ 5 »

PORTRAIT DE M. CARNOT, Présid. de la République, format : 620mm × 420mm.................................... 6 »

L'ÉCHO
DE LA
GENDARMERIE NATIONALE
PARAISSANT LE DIMANCHE

Les abonnements partent du premier jour de chaque trimestre ; ils ne sont par reçus pour moins d'un an, et coûtent avec l'*Annuaire* :

France, Corse et Algérie..... 6 fr. 50
Colonies et Etranger .... 8 fr.

LA
REVUE D'INFANTERIE

Publication mensuelle de 96 pages in-8o

France, Corse et Algérie.......... Un an : 20 fr.
Colonies et Etranger................ id.   25 fr.

LA FRANCE MILITAIRE

JOURNAL QUOTIDIEN

Organe des Armées de terre et de mer

	3 mois.	6 mois.	1 an.
France, Corse, Algérie...	5 fr.	9 fr.	18 fr.
Étranger et Colonies.....	7 fr.	12 fr.	24 fr.

Les abonnements partent du 1er de chaque mois

Le numéro, 10 c., en vente dans les gares des villes de garnison, les kiosques de Paris et libraires correspondants.

BULLETIN OFFICIEL

DU MINISTÈRE DE LA GUERRE

PRIX D'ABONNEMENT ANNUEL :

Pour les Chambre, Ministères, Préfectures, Officiers, Fontionnaires, militaires et assimilés de l'*Armée active,* et Capitaines-majors de l'armée territoriale, 18 fr.

En dehors des catégories ci contre, 25 fr.
Les numéros isolés son vendus :
5 c. lorsqu'ils ont 4 ou 8 pag
10   id   12 ou 16 id.
DOUBLER LE PRIX pour les frais d'envoi par la poste.